美好生活研究

MEIHAO
SHENGHUO
YANJIU

第一辑

主编：王治东

东华大学出版社

图书在版编目（CIP）数据

美好生活研究 . 第一辑 / 王治东主编 . — 上海：
东华大学出版社 , 2022.12
ISBN 978-7-5669-2155-0

Ⅰ . ①美… Ⅱ . ①王… Ⅲ . ①人民生活－文集
Ⅳ . ① C913.3-53

中国版本图书馆 CIP 数据核字（2022）第 233170 号

责 任 编 辑 周慧慧
封 面 设 计 曾国铭

美好生活研究（第一辑）

主　　　编　王治东
出 版 发 行　东华大学出版社（上海市延安西路 1882 号　邮政编码：200051）
营 销 中 心　021-62193056　62379558
出版社网址　http://dhupress.dhu.edu.cn/
印　　　刷　上海当纳利印刷有限公司
开　　　本　787mm×1092mm　1/16　　印张　10.75　　字数　280 千字
版　　　次　2022 年 12 月第 1 版　　印次　2022 年 12 月第 1 次印刷
书　　　号　ISBN 978-7-5669-2155-0
定　　　价　68.00 元

编 委 会

目录 CONTENTS

美好生活理论研究

003｜劳动精神与幸福生活　　　　　　　　　　　　　　　　　　　/ 贺善侃

016｜马克思幸福观的特性、范畴与关系　　　　　　　　　　　/ 张　敏　王治东

028｜马克思自由思想视域下的美好生活研究　　　　　　　　　　　/ 钱慧娟

037｜哈特穆特·罗萨的美好生活理论及评析　　　　　　　　　　　/ 张雨生

051｜范达娜·席瓦"生存视角"下的美好生活与经济发展　　　　　/ 徐依泓

美好生活的实现路径

071｜美好生活的数字化转型：逻辑依据与实现路径　　　　　　　　　/ 张　怡

085｜数字经济时代美好生活的内涵、实现逻辑和价值意蕴　　　　　/ 邬瑞钰

096｜私人劳动向社会劳动的转化与美好生活需要的实现　　　　　　/ 靳帅帅

106｜更好满足人民美好城市生活新期待：价值意蕴、基本样态与实践遵循　/ 马　超

美好生活与实践方式

121 | 幸福生活的哲学思考
　　　——实现共同富裕进程中的幸福观　　　　　　　　　　/ 成素梅

133 | 美好生活语境下现实问题对大学生思想价值观念的影响及应对　　/ 张　燕

145 | 基于生活美学的本土民间技艺审美研究
　　　——以上海罗泾十字挑花为例　　　　　/ 唐承鲲　郑晓蓉　方　颖

155 | "饭圈"文化乱象对社会幸福的影响　　　　　　　　　/ 赵高辉　杨　柳

美好生活理论研究

劳动精神与幸福生活

□ 贺善侃

马克思主义作为为全人类谋求解放与自由的学说，包含着为全人类谋求幸福生活的目标。在马克思主义看来，幸福生活靠奋斗而来，奋斗本身就是幸福。劳动精神是幸福生活的应有之义。无论从劳动精神的内涵还是从劳动精神的内在基因看，劳动精神都是创造幸福生活不可或缺的要素和动力。劳动精神成就了中国人民对幸福生活的追求，并为中国特色社会主义的新征程、新目标护航。

一、幸福生活：马克思主义追求的终极目标

（一）马克思"自由王国"：以人类幸福生活的实现为前提

马克思对共产主义理想社会的设想是以全人类获得彻底解放，都能过上幸福生活为主要特点的。马克思提出的人类的"解放与自由"以及"自由王国"以人类幸福生活的实现为前提。

马克思主义认为，人类社会发展的总趋势表现为从必然王国向自由王国不断转化的过程。而从必然王国向自由王国的转化，也是人类不断获得解放和自由的过程。当人类对社会历史和自然界的必然性尚未认识和掌握，人的活动和行为不得不受这种盲目力量的支配和奴役时，人类处于必然王国状态。当人们认识和掌握了社会历史的必然性和规律，成了自然界和社会的主人，从自然界和社会领域的盲目力量的支配和奴役下解放出来，从而能自由自觉地从事生产劳动，自由自觉地创造自

已的历史的时候，人类就进入了自由王国状态。自由和解放的获得是人类从必然王国走向自由王国的必备条件。

人的解放和自由主要包括从自然界和社会中获得解放和自由。从自然界中获得解放和自由，就是人通过对自然规律的自觉认识，自觉地遵循自然规律改造自然、造福人类，达到人和自然的和谐统一。从社会中获得解放和自由，就是人通过对社会规律的自觉认识，调动社会力量，运用合理的手段（革命手段、改革手段等），改造不合理的社会制度和束缚社会生产力的经济基础和上层建筑，改革阻碍社会公平正义的社会体制、社会政策等，大力发展生产力，创造社会财富，繁荣科学技术、先进文化，为实现理想社会而创造社会条件。人进入自由王国，消灭了私有制，摆脱了异化劳动，消灭了阶级和剥削；并能全面发展个人能力，确立合理的社会关系，达到个人与社会的和谐统一。

显然，随着社会的进步、人的解放和自由程度的提高，人类生活的水平也日益提高，幸福感也日益增强。

（二）马克思设想的人类理想社会：幸福生活得以充分实现的社会

马克思设想的共产主义社会即人类幸福生活得以充分实现的社会。

马克思设想的共产主义社会具有如下几个基本特征：一是生产力和科学技术高度发展，社会产品极大丰富，物质财富充分涌流；二是消灭了私有制，建立了公有制，实行"各尽所能、按需分配"的原则；三是彻底消灭了人对人的剥削、压迫，消灭了一切阶级和阶级差别；四是消灭了工农之间、城乡之间、脑力劳动与体力劳动之间的三大差别。显然，马克思在此所说的共产主义社会的基本特征同样是幸福生活的基本特征：其一，社会产品的极大丰富、物质财富的充分涌流为幸福生活奠定了物质基础；其二，私有制的消灭和公有制的建立为幸福生活创造了根本的社会条件和制度基础；其三，剥削、压迫以及一切阶级、阶级差别的消灭为幸福生活奠定了社会政治基础；其四，工农之间、城乡之间、脑力劳动与体力劳动之间的三大差别的消灭为幸福生活提供了社会公平正义和社会协调发展的根本保障。总之，我们完全可以说，马克思设想的共产主义社会即是充分实现了人类幸福生活的理想社会。

（三）马克思"自由人联合体"：幸福人联合体

马克思提出的"自由的人"即全面发展的人就是获得幸福的人。

与自由王国理论相对应，马克思提出"自由的人"这一概念。"自由的人（自由发展的个人）"，即"丰富（个人自由全面发展的丰富性）的人"。具体表现为：（1）具有高度的科学文化水平和多方面技能，能突破旧式分工的限制，自觉地运用自由时间以从事科学、艺术、理论、哲学等活动，充分地发挥和全面地发展自己的能力；（2）不仅具有丰富的物质生活，而且具有丰富的精神生活；（3）具有高度的思想和道德水平以及文化素养，能自觉地把个人融化在社会和集体中；（4）突破狭隘的地域性，成为"世界历史性的、真正普遍的个人"。

马克思设想的"自由王国"正是一种以"自由的人"为存在前提的"自由人的联合体"。"自由人的联合体"是马克思、恩格斯建立在人类社会文明发展一般规律之上的对人类未来幸福美好生活愿景的理论构想。从某种意义上说，"自由人联合体"亦即"幸福人联合体"。恩格斯在给卡内帕的回信中，揭示了自由人联合体的本质内涵。他认为，如果"要用几句话来概括未来新时代的精神"，"除了《共产党宣言》中的下面这句话……我再也找不出合适的了：'代替那存在着阶级和阶级对立的资产阶级旧社会的，将是这样一个联合体，在那里，每个人的自由发展是一切人的自由发展的条件。'"[①]

在《资本论》中，马克思更简明地把社会主义和共产主义称为"自由人联合体"，指出，这是比资本主义社会"更高级的、以每个人的全面而自由的发展为基本原则的社会形式"。[②]

对于"自由人联合体"，可从伦理、经济、政治三个层面理解其丰富内涵。

在伦理层面，"自由人联合体"是针对资本主义私有制下"异化劳动"这一不道德现象，旨在扬弃异化劳动所造成的人与人之间的疏远、冷漠、敌视，呼吁实现人与人以及人与社会之间的和谐关系。

在经济层面，"自由人联合体"是针对资本主义雇佣劳动制即资本主义人剥削人的生产方式，旨在消灭人剥削人现象，消灭资本主义私有制，根本变革生产方

[①] 马克思、恩格斯：《马克思恩格斯选集》（第4卷），北京：人民出版社2012年版，第647页。

[②] 马克思、恩格斯：《马克思恩格斯文集》（第5卷），北京：人民出版社2009年版，第683页。

式，以彻底消除资本主义生产方式中的阶级对立和阶级冲突，根除资本主义矛盾，实现劳动者的自由联合，实现自由自觉的劳动（幸福劳动）。

在政治层面，"自由人联合体"即马克思期望建立一种在自由理性基础上的具有普遍意义的理性国家的思想的发展。完成了世界观转变的马克思通过对资本主义社会的深入剖析，认识到只有当人类进入共产主义社会，市民社会与政治国家之间的矛盾才能解决，人民才能实现高度自治，国家消亡，被"自由人联合体"所取代。在"自由人联合体"中，没有阶级对立与剥削，没有剥削者与被剥削者之分，每一个人都能自由而全面地发展，人与人之间团结互助、融洽和谐，每一个人都是社会的主人。

总之，"自由人联合体"中的"自由人"，在伦理上实现了人性的解放，在经济与政治上摆脱了剥削与压迫，成了社会的真正主人。而这三个层面不正是幸福生活的三个维度吗？

在马克思主义看来，人类只有达到了上述精神伦理、经济及政治三方面的解放和自由，才真正从动物的生存条件进入人的生存条件，才最终脱离了动物界，成为真正的人。如恩格斯所说，在自由王国即共产主义社会，"人在一定意义上才最终地脱离了动物界，从动物的生存条件进入真正人的生存条件。人们周围的、至今统治着人们的生活条件，现在受人们的支配和控制，人们第一次成为自然界的自觉的真正的主人了。因为他已经成为自身的社会结合的主人了。……只是从这时起，人们才完全自觉地自己创造自己的历史……"。①

无疑，恩格斯在此所说的"真正人的生存条件"亦即"幸福人的生存条件"。以实现人的全面发展为目标，就是从人民群众的根本利益出发，谋发展、促发展，不断满足人民群众日益增长的物质文化需求，切实保障人民群众的经济、政治和文化权益，关注人的生活质量、发展潜能和幸福指数，让发展的成果惠及全体人民。一言以蔽之，就是创造一切幸福生活所必需的社会条件。

诚然，根据马克思、恩格斯的学说，幸福生活作为马克思主义追求的最高价值、最终目标，不是一个静态的目标，而是一个动态的、相对的目标。幸福生活是一个过程，一个幸福指数不断上升、幸福程度不断提高、幸福感不断得到更充分满

---

① 马克思、恩格斯：《马克思恩格斯选集》（第3卷），北京：人民出版社2012年版，第633-634页。

足的过程。人类对幸福生活的需求也会随着社会的进步、科技的发展、社会经济的繁荣、社会政治的完善等而增加，并越来越多样化。因此，人类对幸福生活的追求是永无止境的。

二、劳动精神：幸福生活的应有之义

（一）幸福生活的精神层面和社会层面

从马克思所描述的"自由王国"和"自由的人"的含义来看，幸福生活是一种理想社会成员的生活状态，是人类生活中具有最高价值的理想状态。理解幸福生活的关键在于正确理解"幸福"这一概念。

"幸福"是人类生活的最高价值追求和终极目标。人活着就是为了追求幸福，人类的一切活动无疑都是为了创造自身的幸福生活。幸福是人类生活的终极目标。然而，人类的幸福生活不是从天上掉下来的，幸福生活的实现依靠的是人类的踔厉奋发、勤勉劳动。人类幸福指数的提升与作为人类奋进成果的社会的进步以及人的解放程度的提高是同步的。

幸福生活涵盖多方面因素。从马克思所设想的幸福生活来看，幸福作为人类追求的目标，绝不仅仅是一般的物质需要和欲望的满足，而是可以划分出物质幸福、社会幸福和精神幸福等多个层次。从一般意义上说，没有物质欲望和需求的满足与实现就没有人生的幸福。但是，真正的幸福绝不仅仅包含个体物质欲望的满足，还应该包含人的社会需要的实现，尤其不可脱离人的精神需求。

这就是说，人类幸福生活的实现必须具备相应的社会条件。社会条件和精神需求的满足是人类幸福生活的两个重要层面。这是由人类是一种社会和文化动物这一点所决定的。

人类的幸福生活不仅涵盖着精神层面，还涵盖着社会层面。这是因为，社会性是人的本质的主要方面。从这一方面理解，幸福有两种：个人的幸福与社会的幸福，两者是相辅相成、不可分割的统一整体，没有社会幸福就没有个人幸福，个人追求幸福的愿望只有在社会幸福不断增长中才能得到实现和保障。如马克思所描述的"自由的人"的境界只有在实现了"自由王国"的社会状态下才能真正达到。而社会幸福的实现当然也要以个人幸福的实现为前提。由个人幸福走向社会幸福，是通往幸福生活的必由之路。只有将个人幸福与社会幸福相结合，才会有真正的个人幸福。个人幸福的实现离不开满足幸福生活所必须的一系列社会条件，诸如社会政治前提、社会制度基础、社会文化繁荣程度等。

人们重视幸福生活的精神层面，还在于幸福是一种主观的感受，心灵的体验。幸福主要是指人的目的实现时的一种主体生存状态，而幸福感则是对这一主体生存状态的主观感受。这种感受无疑是精神层面的感受。正由于此，文化知识水平和社会关系背景不同的人们对于幸福的理解往往具有很大的差异性。

在幸福生活的精神层面和社会层面，内在地包含着劳动精神的内容。劳动精神不仅是幸福生活的精神层面和社会层面的不可或缺的内涵，而且是创造幸福生活的不可或缺的内在精神动力。从这个意义上说，劳动精神是幸福生活的应有之义。

（二）劳动精神的内涵与基因

2020 年 11 月 24 日，习近平总书记在全国劳动模范和先进工作者表彰大会上指出："在长期实践中，我们培育形成了爱岗敬业、争创一流、艰苦奋斗、勇于创新、淡泊名利、甘于奉献的劳模精神，崇尚劳动、热爱劳动、辛勤劳动、诚实劳动的劳动精神，执着专注、精益求精、一丝不苟、追求卓越的工匠精神。"[1]

劳动精神（劳模精神、工匠精神）引领着全社会弘扬劳动最光荣、劳动最崇高、劳动最伟大、劳动最美丽的风尚；鼓舞着全党全国各族人民在实现中华民族伟大复兴的征程上风雨无阻、勇敢前进。

劳动精神是第一批纳入中国共产党人精神谱系的伟大精神之一。把劳动精神作为建党精神的一个重要组成部分，标志着劳动精神在中国共产党为中国人民谋幸福、为中华民族谋福利的百年征程上起着令人瞩目的重要作用。

劳模精神、劳动精神与工匠精神，三种精神的内涵各有侧重，但其基本面是一致的。习近平总书记在 2018 年 4 月 30 日给中国劳动关系学院劳模本科班回信中提出，要用干劲、闯劲、钻劲鼓舞更多的人，激励广大劳动群众争做新时代的奋斗者。"干劲、闯劲、钻劲"这六个字，就是蕴含于劳模精神、劳动精神与工匠精神

---

[1] 习近平：《在全国劳动模范和先进工作者表彰大会上的讲话》，《光明日报》2020 年 11 月 25 日第 2 版。

之中的基本面，亦即蕴含于这三种精神之中的基因。

富有"干劲"就是要艰苦奋斗、甘于奉献；富有"闯劲"就是争创一流、勇于创新；富有"钻劲"就是精益求精、追求卓越。贯穿于劳动精神之中的这六字基因与伟大建党精神是完全一致的，可以视其为建党精神的具体化。在中国共产党的百年征程中，贯穿于劳动精神之中的这六字基因成为创造幸福生活的重要动因之一。

（三）劳动精神创造幸福生活

无论从劳动精神的内涵还是从劳动精神的内在基因都可看出，劳动精神是创造幸福生活所不可或缺的要素和动力。

首先，幸福依靠奋斗，奋斗本身就是幸福。

据历史记载，马克思的女儿用当时很流行的一种问卷游戏的方式向马克思提出许多问题，其中一个问题就是："你所理解的幸福是什么？"马克思回答得很干脆："斗争"。习近平同志则在 2018 年新年贺词中指出："幸福都是奋斗出来的。"后又补充说："奋斗本身就是一种幸福。"

无疑，奋斗离不开劳动精神，劳动即是奋斗。劳动是奋斗者的鲜明底色。因此，劳动精神创造幸福，千真万确。弘扬劳动精神的真谛，在于勇于奋斗、敢于斗争、敢于胜利。这是中国共产党团结带领中国人民创造一个个人间奇迹的强大精神力量和显著政治优势，也是被十九届六中全会写入全会通过的《中共中央关于党的百年奋斗重大成就和历史经验的决议》的十条宝贵历史经验之一。

习近平总书记用"筚路蓝缕奠基立业的一百年"概括中国共产党艰苦奋斗的历史。他说："世界上没有哪个党像我们这样，遭遇过如此多的艰难险阻，经历过如此多的生死考验，付出过如此多的惨烈牺牲。"[1]"中国人民自古就明白，世界上没有坐享其成的好事，要幸福就要奋斗。"[2]

一百年来，在应对各种困难挑战中，我们党锤炼了不畏强敌、不惧风险、敢于斗争、勇于胜利的风骨和品质。这是我们党最鲜明的特质和特点。敢于斗争、敢于胜利的光荣传统所集中体现的坚定信念、根本宗旨、优良作风，凝聚着的中国共产党人艰苦奋斗、牺牲奉献、开拓进取的伟大品格，已经深深融入我们党、国家、民

---

[1] 习近平：《在党史学习教育动员大会上的讲话》，《求是》2021 年第 7 期，第 12 页。
[2] 习近平：《习近平谈治国理政》第三卷，北京：外文出版社 2020 年版，第 140 页。

族、人民的血脉中，它将永远伴随着我们的成长，贯穿于我们党的历史。无论是革命、建设还是改革，概莫能外。

其次，新时代社会主要矛盾的转化是中国共产党带领中国人民进行几十年艰苦奋斗、辛勤劳动的结果。

习近平总书记在十九大报告中强调，中国特色社会主义进入新时代，我国社会主要矛盾已经转化为人民日益增长的美好生活需要和不平衡不充分的发展之间的矛盾。

1981年党的十一届六中全会通过的《关于建国以来党的若干历史问题的决议》提出，在社会主义改造基本完成以后，我国社会主要矛盾是"人民日益增长的物质文化需要同落后的社会生产之间的矛盾"。时隔36年，党的十九大报告首次对这一提法做了修改。从20世纪80年代提出的"人民日益增长的物质文化需要同落后的社会生产之间的矛盾"到十九大提出的"人民日益增长的美好生活需要和不平衡不充分的发展之间的矛盾"是全党全国人民发扬劳动精神进行艰苦奋斗的结果。

经过36年的艰苦奋斗，我国在人均收入、发展水平、生活水平、社会结构、产业结构、贫富差距、地区差距、人与自然关系等方面实现了大发展和大转型。

如今，我国社会生产力水平总体上显著提高，社会生产能力在很多方面进入世界前列。经过不懈努力，我国不仅稳定解决了十几亿人的温饱问题，而且2021年人均GDP突破1.2万美元，达到中等收入国家水平。

进入新时代，人民美好生活需要日益广泛，不只是对物质文化生活提出了更高要求，更在民主、法治、公平、正义、安全、环境等方面提出日益增长的需求。人们从解决最基本的生存需要，从满足最初的物质和文化饥渴，转向追求更加美好的生活。

然而，我国当今的社会生产力虽然已经有了相当程度的发展，但还"不平衡不充分"。这里所说的"不平衡"，既包括各个区域之间（东西部、南北部）、各个行业之间、各个部门之间的发展不平衡，也包括供给侧与需求侧之间的不平衡、高收入人群与相对贫困人群之间的不平衡等。"不充分"即发展不充分，诸如发展质量和效益还不是很高，创新能力还不够强，实体经济水平有待提高，生态环境保护任重道远，民生领域存在不少短板。这已经成为满足人民日益增长的美好生活需要的主要制约因素。要突破满足人民日益增长的美好生活需要的主要制约因素，需要坚持不懈的艰苦奋斗，牢牢把握和立足社会主义初级阶段这个基本国情和最大实际，牢牢坚持党的基本路线这个党和国家的生命线、人民的幸福线，更好地为建设富强民主文明和谐美丽的社会主义现代化强国而奋斗。

我国社会主要矛盾的变化对党和国家工作提出了许多新要求，即在继续推动发展的基础上，着力解决好发展不平衡不充分问题，大力提升发展质量和效益，以创新发展点燃发展动力，以协调发展治理区域失衡，以绿色发展和谐人与自然，以开放发展实现内外联动，以共享发展促进公平正义；更好地满足人民在经济、政治、文化、社会、生态等方面日益增长的需要，更好地推进人的全面发展和社会的全面进步，不断满足人们对幸福生活的多种需求。这是新时代向我们提出的创造新时代更高层次幸福生活的新课题。

三、回顾与展望：劳动精神成就对幸福生活的追求

（一）中国共产党的初心使命：为中国人民谋幸福

以马克思主义为指导思想的，作为中国工人阶级先锋队、中国人民和中华民族先锋队的中国共产党必然是为中国工人阶级、中国人民和中华民族谋利益的政党。马克思主义政党"没有任何同整个无产阶级的利益不同的利益"①，它领导的运动"是绝大多数人的、为绝大多数人谋利益的独立的运动"②。中国共产党除了国家、民族、人民的利益，没有任何自己的特殊利益。为中国人民谋幸福、为中华民族谋复兴，是中国共产党的初心和使命。

中国共产党是全心全意为人民服务的马克思主义政党，它所为之奋斗的一切，都是为了让老百姓过上好日子。战争年代，我们党领导人民"翻身求解放"，誓"为天下劳苦大众谋幸福"。新中国成立后，我们党领导人民进行社会主义革命和建设，努力改变国家"一穷二白"的落后面貌，争取让人民生活尽快好起来。改革开放以来，我们党及时拨乱反正，实现了党的工作重心的转移，聚精会神搞建设、一心一意谋发展，着力改善人民群众的生活水平，领导人民以辛勤劳动迎来了从温饱

---

① 马克思、恩格斯:《马克思恩格斯选集》(第1卷)，北京：人民出版社2012年版，第285页。
② 同上书，第283页。

不足到小康富裕的伟大飞跃。

"人民对美好生活的向往，就是我们的奋斗目标。"① 习近平总书记的庄严承诺，体现了中国共产党的根本性质和宗旨，昭示了始终把为人民谋幸福放在心中最高位置的坚定信念。党的十八大以来，习近平总书记时刻挂念的是贫困地区发展和贫困群众生活问题，大江南北到处都留下他访贫问苦、问计于民的足迹和身影，进一步彰显了中国共产党把人民对美好生活的向往作为奋斗目标的价值追求。

（二）劳动精神贯穿于中国共产党百年奋斗史

中国共产党的一百年，是始终同人民想在一起、干在一起，风雨同舟、同甘共苦的一百年。劳动精神贯穿于中国共产党的百年奋斗史。在一百年的征程中，中国共产党通过弘扬劳动精神，为实现中国人民的幸福生活，"抓铁有痕，踏石留印"，铸就了一件件、一桩桩不平凡的成就。

抗日战争时期，为克服严重的物质生活困难，中国共产党发出了"自己动手、丰衣足食"的号召，一场轰轰烈烈的大生产运动蓬勃兴起。通过大生产运动，勤于劳动、善于劳动的边区军民用自己的双手打破了困难局面，为抗日战争及新民主主义革命的胜利奠定了坚实的物质基础。

新中国成立后，饱受战争创伤的中华大地百废待兴、百业待举。一时间，劳动的号角再次吹响。人们的劳动热情汇聚成无穷的力量，给新中国带来了生机与活力。

以王进喜为代表的大庆石油工人，为了早日甩掉中国"贫油"的帽子，以"宁肯少活20年，拼命也要拿下大油田"的豪情，以"有条件要上，没有条件创造条件也要上"的决心，用3年多时间，建设起了我国最大的石油基地——大庆油田，1959年9月，大庆油田第一口油井喷射出石油。我国人民用自己勤劳的双手成功地摘掉了"贫油国"的帽子，在中国大地上镌刻了鼓舞人心的大庆精神（铁人精神）。

钱学森、钱三强、邓稼先等一大批科学家，"干惊天动地事，做隐姓埋名人"。在当时苏联背信弃义、撤走专家、带走图纸，无现成技术可借鉴、无现成设备可运用的条件下，勇于攀登，勇于创新，克服种种困难，硬是成功制造出"两弹一星"。

---

① 习近平:《习近平谈治国理政》第一卷，北京：外文出版社2014年版，第3页。

从此，"两弹一星"精神成为全国人民开拓奋进的伟大精神力量。

1958年，党中央、中央军委作出《关于动员十万转业官兵参加生产建设》的指示，号召全军转业官兵开发北大荒。随着党中央一声令下，先后有14万余名复转军人同20万余名内地支边青年、54万余名城市知识青年一起进军北大荒。他们在这片荒凉的平原上，上演了一部令人荡气回肠的劳动史诗，把茫茫荒原变成壮美粮田，让黑土地迸发出生机与活力。北大荒精神名垂青史。

1960年，勤劳勇敢的30万林州人民，苦战10个春秋，仅仅靠着一锤、一铲、两只手，在太行山悬崖峭壁上修成了全长1500公里的红旗渠。用勤劳的双手铸就了"自力更生、艰苦创业、团结协作、无私奉献"的红旗渠精神。

同样是20世纪60年代，在集高寒、高海拔、大风、沙化、少雨5种极端环境于一体，自然环境十分恶劣的塞罕坝上，经过两代人近50年的艰苦奋斗，在140万亩的总经营面积上，成功营造了112万亩人工林，创造了一个变荒原为林海、让沙漠成绿洲的绿色奇迹。森林覆盖率由建场初期的11.4%提高到现在的80%，林木总蓄积量达到1 012万立方米，塞罕坝人在茫茫的塞北荒原上成功营造起了全国面积最大的集中连片的人工林林海，谱写了不朽的绿色篇章，铸就了"勤俭建场、艰苦创业、科学求实、无私奉献"的塞罕坝精神。

改革开放40多年来，我们解放思想、实事求是，大胆地试、勇敢地改，干出了一片新天地。从实行家庭联产承包、乡镇企业异军突起、取消农业税牧业税和特产税到农村承包地"三权"分置、打赢脱贫攻坚战、实施乡村振兴战略；从兴办深圳等经济特区、沿海沿边沿江和内陆中心城市对外开放到加入世界贸易组织、共建"一带一路"、设立自由贸易试验区、谋划中国特色自由贸易港；形成了改革开放精神、特区精神、抗洪精神、抗击"非典"精神、抗震救灾精神、载人航天精神、青藏铁路精神、脱贫攻坚精神，抗疫精神……具体内容尽管不完全相同，但贯穿始终、永远不变的是劳动精神的底色。

一勤天下无难事。在中国共产党的领导下，千千万万奋斗在各行各业的劳动者为建设富强的中华人民共和国、创造人民的幸福生活而勠力同心、实干巧干、辛勤耕耘、拼搏奉献，在各自的岗位上做出不平凡业绩，在实现"两个一百年"目标的伟大征程上创造了一个又一个令世人瞩目的"中国奇迹"。在中国共产党的百年奋斗史中，劳动精神不愧是提升中国人民幸福生活水平的不竭动力。

（三）劳动精神护航新征程新目标

历史经验告诉我们：社会主义是干出来的，新时代是奋斗出来的，幸福生活是用辛勤汗水浇灌出来的。

在战争年代，中国共产党靠着弘扬劳动（奋斗）精神，靠着"为有牺牲多壮志，敢教日月换新天"的凌云壮志，浴血奋战、百折不挠，付出巨大牺牲，为的是天下劳苦大众翻身求解放，成为社会的主人，为谋取人民大众的幸福生活创造根本社会条件。在中华人民共和国成立后的社会主义革命和建设时期，中国共产党靠着弘扬劳动（奋斗）精神，自力更生、发愤图强，努力改变国家"一穷二白"的落后面貌，创造了社会主义革命和建设的伟大成就，为的是为人民生活能够尽快好起来奠定根本政治前提和制度基础。在改革开放和社会主义现代化建设新时期，中国共产党还是靠着弘扬劳动（奋斗）精神，解放思想、锐意进取，继续探索中国建设社会主义的正确道路，解放和发展社会生产力，为的是让人民摆脱贫困、尽快富裕起来，为人民幸福生活的实现提供充满新的活力的体制保证和快速发展的物质条件。中国特色社会主义进入新时代后，中国共产党更是靠着弘扬劳动（奋斗）精神，自信自强、守正创新，把人民对美好生活的向往当作中国共产党的奋斗目标，适应人民对美好生活日益广泛、多样的需求，在民主、法治、公平、正义、安全、环境等方面不断创造新业绩，朝着实现中华民族伟大复兴的宏伟目标继续前进。中华民族复兴之路，绝不是轻轻松松、敲锣打鼓就能走好的，我们需要的是一股子永不松懈的干劲儿。

习近平总书记指出："我们党依靠斗争创造历史，更要依靠斗争赢得未来。新的征程上，我们面临的风险考验只会越来越复杂，甚至会遇到难以想象的惊涛骇浪。我们面临的各种斗争不是短期的而是长期的，将伴随实现第二个百年奋斗目标全过程。"①新形势提出新要求，新挑战呼唤新作为。我们要始终保持"越是艰险越向前"的勇气，保持"泰山压顶不弯腰"的韧劲，继续以"逢山开路遇水搭桥"的精神铆足干劲、迎难而上。

劳动创造幸福，奋斗成就梦想。实现中华民族伟大复兴的中国梦、幸福生活

---

① 习近平：《以史为鉴、开创未来　埋头苦干、勇毅前行》，《求是》2022 年第 1 期。

梦，"根本上靠劳动、靠劳动者创造"[1]。伟大的时代需要伟大的精神力量。劳动精神（劳模精神、工匠精神）正是实现新时代新目标、锻造全体人民幸福生活的强大动力。

（贺善侃，东华大学）

---

[1] 习近平：《习近平在庆祝"五一"国际劳动节大会上的讲话》，新华网 2015 年 4 月 28 日。

马克思幸福观的特性、范畴与关系

□ 张　敏　王治东

　　从马克思的文本著作来看，虽然他没有把"幸福"作为专门的概念提出，但事实上在马克思的经典著作中有很多议题，如异化劳动为何使工人不幸、共产主义如何实现幸福等话题都是围绕"幸福是什么"，"如何脱离不幸，如何追求幸福的实现"来论述的，可以说幸福这一范畴贯穿了马克思思想的始终。总体来说，在马克思那里，"幸福"指向"作为一个完整的人，占有自己的全面的本质"[①]。马克思在《1844年经济学哲学手稿》中运用唯物史观考察了人类历史上人的本质的异化过程；在《共产党宣言》中，他提出"每个人的自由发展是一切人的自由发展的条件"[②]。

　　马克思幸福观表现出了独特的理论特性，这种特性通过一系列范畴和关系体现出来。马克思幸福观在马克思思想体系中具有非常重要的地位，深入把握马克思幸福观的理论特性、范畴和关系，能够为新时代实现人民幸福提供了理论基石，赋予了马克思幸福观持久的动力。

一、时空场域：幸福作为时间性与空间性的统一

　　第一，在时空场域中，幸福是具有时代性的。其一，在时空层面上，如果没有前一时代的人进行物质财富的生产和积累，没有前一时代的人花费时间进行空间探索的经验积累，人类历史就不可能实现从低级到高级的发展。"每一代都利用以前

---

① 马克思、恩格斯：《马克思恩格斯文集》（第1卷），北京：人民出版社2009年版，第189页。

② 马克思、恩格斯：《共产党宣言》，北京：人民出版社2014年版，第51页。

各代遗留下来的材料、资金和生产力。"① 各个时代的人类社会都是在继承了前辈们留下的物质财富与精神财富的基础上不断实现创新与发展的。其二，马克思幸福观的一个重要的内涵是精神指向，即处在一定的社会历史背景下的人们在通过自己的实践改造客观世界与主观世界的过程中获得精神上的满足。1928年，正值青春的陈乔年在行刑之前说出了"让我们的子孙后代享受前人披荆斩棘的幸福吧！"②。陈乔年不惧死亡，是因为他坚信为实现"子孙后代"的幸福而奋斗牺牲。其三，在不同时空境遇中幸福的内涵指向是不同的。革命时期的中国共产党人为人民能够远离战火、生活在和平、安全的社会环境中而斗争，和平时期的中国共产党人则是为满足人民对美好生活的向往而奋斗。中华人民共和国成立以前，中国共产党人不懈奋斗的目标是实现统一，建立和平统一的中国。新中国成立初期，我国一穷二白，物质资料十分匮乏，人们最大的愿望是能够吃饱穿暖。改革开放后，人们的生活质量得到提高，人们开始期待更高水平的美好生活，因而新时代的中国共产党将人民对美好生活的向往作为党奋斗的最终目标。

第二，在时空场域内，人类在自由时间中的劳动实践能够拓展人类社会的发展空间。自由时间这一概念是马克思针对异化劳动现象提出的，是指"可以用于从事科学、艺术、社会交往等非物质生产活动的时间"③。自由时间在本质上来说是社会时间中可以自由支配的时间。其一，人类自由时间的长短是影响人类社会发展的关键性因素。"整个人类的发展无非是对自由时间的运用。"④决定自由时间的关键因素是社会必要劳动时间。社会必要劳动时间、剩余劳动时间与自由时间之间是相辅相成的关系。从时间长短的量的层面看，自由时间与社会必要劳动时间成反比，与剩余劳动时间成正比。即社会生产力越发达，社会必要劳动时间越短，人的自由时间就越长。其二，科学技术的发展能够减少人类完成某种劳动的社会必要劳动时间，继而延长社会的自由时间。自由时间、社会必要劳动时间与剩余劳动时间是社会时间的主要构成部分。人类要维持生存，就必须进行生产劳动。进行生产劳动就必须消耗时间。而科学技术的发展能够减少生产劳动所必需的时间，即能够缩短社会必

---

① 马克思、恩格斯：《德意志意识形态》（节选本），北京：人民出版社，第33页。

② 新华月报：《永远的丰碑（二）》，北京：人民出版社2005年版，第65页。

③ 汪信砚：《马克思主义哲学概论》，北京：人民出版社2011年版，第591页。

④ 马克思、恩格斯：《马克思恩格斯全集》（第47卷），北京：人民出版社1979年版，第216页。

要劳动时间，提高生产效率。在科学技术更发达的条件下，同样的物质需求花费的社会时间越少，人类的自由时间就越多。自由时间的长短直接决定人的发展空间的大小。创造自由时间就是为个人的全面发展创造空间，从而为"全体社会成员的发展腾出时间"。

第三，充足的自由时间是实现幸福的必要条件。充足的自由时间为实现幸福——自由而全面的发展提供了时间上的可能性。一方面，人的自由时间越多，他就能够有更多的时间做自己想做的事情，实现自己心中的理想生活，那么他的幸福感就越强。人的自由时间越少，说明人做强制性劳动的时间就越多，意味着异化劳动就越多，因而人会感到极不幸福；另一方面，而在资本主义社会，资本主义窃取了无产阶级的自由时间，进而阻碍了无产阶级实现幸福。工人进行生产劳动的唯一目的是满足肉体生存的基本需求。当生存下来成为第一需求，人只有很少的自由时间甚至没有自由时间，此时的人没有自由全面发展的空间，只能是"感到不幸的"片面的人。实际上资本家夺走了工人创造出来的自由时间，由此，在资本逻辑的驱动下，工业化并没有实现工人的幸福，相反，它促进了资本主义与无产阶级之间的矛盾的产生与激化。资本主义"偷走了"无产阶级本应该获得的自由时间，资本主义的窃取行为导致工人"不是感到幸福，而是感到不幸"[①]。

在资本主义社会，工人的自由时间被资本家偷走了，与工人被奴役的时间相对应的就是资本家的自由时间。与之相对应的是，资本会运用各种手段推动生产力的进步，此时资本违背了自己的意志，在客观上成了延长社会自由时间的工具。可见，如果去除剩余劳动的资本主义形式，剩余劳动本身可以创造出人们的自由时间。但资本的不变趋势是既竭力创造更多的自由时间，又全力把自由时间转变为工人的剩余劳动。如果资本在创造自由时间方面做得太过成功，就会形成生产过剩的局面，从而导致必要劳动中断。当这个矛盾发展到一定程度，占有他人的剩余劳动不能再阻碍社会生产力的发展，自由时间就不再与剩余劳动相对立。而在资本主义社会，个人所有的时间都变成了劳动时间，进而导致个人被降成工人的处境，迫使其只能从属于劳动。因此，资本主义发达的机器大工业生产体系实际上迫使工人的劳动时间达到了前所未有的长度，对工人的压迫越发严重。工人失去了自由时间，

---

① 马克思、恩格斯：《马克思恩格斯全集》（第 2 卷），北京：人民出版社 2002 年版，第 270 页。

就失去了实现幸福的必要条件。

第四，在时空场域内实现幸福需要满足时间性与空间性的统一。首先，不同于机械唯物主义时空观的"绝对时空"，也不同于黑格尔的"绝对精神"理念，"一切存在的基本形式是时间和空间"①这一观点不仅克服了唯心主义时空观的抽象性，而且克服了旧唯物主义时空观的感性直观的缺陷，阐明了辩证唯物主义的时空观。其次，马克思运用辩证唯物主义时空观来研究人类社会历史，将实践引入了时空场域。根据马克思主义将人类社会历史划分为三大形态的理论，"整个世界历史不外是人通过人的劳动而诞生的过程"②。在第一形态下，人完全靠自然界的资源生存，所有生产资料都来源于自然时空。第二形态是以对物的依赖为基础。在这一阶段，人类的实践活动对自然时空的影响不断加深，不断实现对自然时空和社会时空的开拓。在第三形态下，人类终于彻底摆脱了对物的依赖性，每个人都有足够长的自由时间，从而能够实现所有人类全面而自由的发展。在这三大形态中，人类始终通过实践的方式创造并改变着社会时空，同时在实践的过程中创造并延长了自由时间，进而为人自身的全面发展开辟了新的发展空间。最后，社会时空发展的客观规律决定了人在自由时间中的劳动实践能够创造出新的社会发展空间。虽然人类的劳动会随时间流逝，实际上人的劳动实践活动在时间中转化为了相应的社会发展空间。

因此，在马克思幸福观理论中，幸福作为时间性与空间性的统一构建了马克思幸福观理论的时空场域。

二、内涵基础：幸福作为精神性与物质性的统一

恩格斯说："世界的真正统一性是在于它的物质性。"③在此基础上，马克思对前人的幸福观进行了批判性继承和发展。马克思的幸福范畴不是以往的哲学家认为的纯粹物欲的满足，也不是纯粹的自身精神世界的精神满足，而是指向精神性与物质性的统一。

一方面，满足物质层面的需求是人类能够存活的第一个前提，是人们追求幸福

---

① 马克思、恩格斯：《马克思恩格斯选集》（第 3 卷），北京：人民出版社 2012 年版，第 428 页。
② 马克思、恩格斯：《马克思恩格斯全集》（第 1 卷），北京：人民出版社 2009 年版，第 196 页。
③ 马克思、恩格斯：《马克思恩格斯选集》（第 3 卷），北京：人民出版社 2012 年版，第 49 页。

获得幸福的最基础的条件。具体来说，首先，物质层面的幸福是追求精神幸福的基础。物质生产活动是"一切人类生存的第一个前提"①，人类要维持生命，最基本的条件就是要满足人类吃饱穿暖等最基础的物质层面的生存需要。确实如此，否则，当一个人要为每日的温饱担忧，自然没时间去追求更高层次的精神需求，又何谈追求幸福呢？"忧心忡忡的穷人甚至对最美丽的景色都没有什么感觉。"②在一日三餐都吃不饱的穷人眼里，必然看不到风景的美丽，只能看到饥饿、看到贫穷。这正是因为他没有得到维持生命所需要的最起码的物质需求的满足。其次，社会存在决定社会意识，社会生产力的发展程度和社会物质条件是人们实现幸福的重要基础。为什么在资本主义社会的初期，社会生产力已经如此发达，但工人还是在为温饱挣扎？为什么"工人生产的财富越多，他就越贫穷"③？这是因为资本主义的力量迫使劳动产生了异化。异化劳动使工人的自我活动变成了只为了换取维持肉体生存的物质资料的手段。因此，当劳动对工人来说是被迫的强制劳动时，工人只能从中感受到不幸。马克思最终发现异化劳动产生的根本原因是资本主义私有制。他进而提出要消灭异化劳动就必须先废除私有财产，而只有发起现实意义上的共产主义运动，才能够消灭现实意义上的私有财产。

另一方面，精神层面的幸福是获得物质幸福之后的更高追求。其一，人之所以为人，就是因为人能够进行自由自主的实践活动。"有意识的生命活动把人同动物的生命活动直接区别开来。"④人正是靠这种自由自觉的活动能够按任何尺度进行生产实践活动。其二，需要注意的是，马克思承认物质条件对于实现幸福的重要作用，但是他并没有将物质力量等同于决定幸福能否实现的唯一因素，并不意味着一个人实现了物质层面的需求就是得到了幸福。这一论述表明，在马克思看来，如果吃喝、繁殖等基本机能脱离了人的其他活动，成为人唯一的目的时，这种机能在抽象意义上就是动物的机能。"人的东西成为动物的东西。"⑤人之所以为人，就是因为人不仅能够进行生理层面的活动，人还能够在精神层面欣赏美，创造美。换言之，

---

① 马克思、恩格斯：《马克思恩格斯选集》（第1卷），北京：人民出版社2012年版，第158页。
② 马克思：《1844年经济学哲学手稿》，北京：人民出版社2018年版，第84页。
③ 马克思、恩格斯：《马克思恩格斯全集》（第3卷），北京：人民出版社2002年版，第273页。
④ 马克思、恩格斯：《马克思恩格斯选集》（第42卷），北京：人民出版社2012年版，第56页。
⑤ 马克思：《1844年经济学哲学手稿》，北京：人民出版社2018年版，第79页。

如果人只满足自己的物质需求，此时的人与动物没有什么区别。

最后，对于人类而言，要实现幸福，既要满足人的物质需要，同时又要满足人的精神需要。其一，在现实世界中，"个人有许多需要"①。人类在追求需要的满足的过程是始终在运动中变化发展的。在社会生产力水平非常低下的原始社会，人类追求的是物质层面的最起码的生存条件。随着生产力的不断发展，人类在能够满足自己生存所需的物质需求之后，发明了语言、宗教、艺术等能够满足人类精神需求的活动。"人也按照美的规律来建造。"②这些精神活动都是人类在满足自己的精神需求以获得幸福。其二，马克思在其著作中描述的工人在工作的过程中"使自己的肉体受折磨、精神遭摧残"，正是因为工人的物质需求和精神需求都没有得到满足，工人才会觉得非常不幸。这些都说明了只有实现物质和精神两个层面的幸福才能获得真正的幸福。因此马克思幸福观的内涵基础是精神性与物质性的统一。

三、表现形式：幸福作为个体性与社会性的统一

马克思主张无产阶级要通过自己的实践活动来推翻资产阶级社会，建立自己的共产主义政权，为实现工人阶级的解放以及全人类的解放而奋斗。在这个意义上，幸福的个体性与社会性的统一作为马克思幸福观的表现形式呈现出来。马克思不仅在理论上主张幸福的个体性与社会性的统一，他本人也确确实实在在地为实现全人类的解放而奋斗了终生。"世界上最大的幸福莫过于为人民幸福而奋斗。"③幸福的具体内涵会随着时代变化，但幸福始终表现为个体性与社会性的统一。

首先，正是因为人具有特殊性这一特质，人才能够成为个体，成为单个的社会存在物。马克思明确指出幸福的个体性与社会性是相互依存、不可分割的关系。一方面，马克思以历史唯物主义为立场，分析了人的本质与自然界、社会与人的关系，他指出"人是一个特殊的个体"④；另一方面，正如社会生产作为人的人一

---

① 马克思、恩格斯：《马克思恩格斯全集》（第3卷），北京：人民出版社1960年版，第326页。
② 马克思：《1844年经济学哲学手稿》，北京：人民出版社2018年版，第53页。
③ 习近平：《习近平谈治国理政》第四卷，北京：人民出版社2002年版，第534页。
④ 马克思：《1844年经济学哲学手稿》，北京：人民出版社2018年版，第81页。

样，人也生产社会，因而社会是"人同自然界的完成了的本质的统一"①。马克思与以往其他思想家不同，他强调对私有财产的扬弃"是人的一切感觉和特性的彻底解放"②。个体只有通过实践实现私有财产的积极扬弃才能以一种全面的方式占有自己的本质。

其次，社会与个人不是完全对立的，同样地，幸福的社会性与个体性也不是完全对立的关系。第一，马克思指出了部分西方思想家把"社会"看作与个体对立起来抽象的东西，只追求个体层面的幸福。实际上要避免把"社会"当作抽象的东西与个人对立起来。第二，"个人是社会存在物"③。譬如深居简出的科学家每天一个人在实验室做实验，哪怕他一年甚至好几年才与其他人直接交往如见面或交流时，这位科学家仍然是社会的，因为他是"作为人活动的"④。第三，科学家是社会的不仅仅是因为他做实验或者与人进行了直接交往，还因为科学家作为人，用于沟通和思考的语言是社会的产品，人本身的存在也是社会的产品。

最后，人的本质与社会的本质实际上是统一的，幸福的个体性与社会性是相互依赖相互联系而存在的。第一，一味追求个体的幸福就会与社会性的幸福相悖，就会陷入极端利己主义，最终导致幸福无法实现。在马克思中学时期，他就提出要以"人类的幸福和我们自身的完美"⑤作为选择工作的标准。对此，他指出："不应认为，这两种利益会彼此敌对。"⑥ 幸福的个体性层面的实现依赖于幸福在社会性层面的提升，反过来，幸福的个体性的发展又能够促进幸福在社会性层面的提升，"只有在共同体中才能有个人自由"⑦。因此，人不能割裂自身的社会关系只追求个体层面的幸福。第二，从历史唯物主义的维度来看，幸福并不是纯粹的个体层面抑或物质层面的满足，幸福实际上是人为了实现自我解放以及全人类解放的实践活动。第三，整个社会的幸福的实现过程需要依赖于不同的人的个体幸福的不断实现。"人只有

---

① 马克思：《1844 年经济学哲学手稿》，北京：人民出版社 2018 年版，第 79 页。

② 同上书，第 235 页。

③ 同上书，第 80 页。

④ 同上书。

⑤ 马克思、恩格斯：《马克思恩格斯全集》（第 1 卷），北京：人民出版社 1995 年版，第 459 页。

⑥ 同上书。

⑦ 马克思、恩格斯：《马克思恩格斯选集》（第 1 卷），北京：人民出版社 2012 年版，第 199 页。

为同时代的人的幸福而工作"①，自己才能实现幸福。马克思的幸福观克服了以往思想家忽视个体性与社会性统一的缺陷，他认为幸福不是纯粹满足或抑制个人欲望就能得到的幸福，也不是结果导向可能损害其他人利益的，而是个体性与社会性的统一。②

四、动力机制：幸福作为现实性和发展性的统一

现实的人是马克思理论的出发点。马克思认为发展变化是历史的本质规律，那么现实的人作为历史的产物，同样也在不同的历史时期发展变化，"必然是现实的、历史的人"③。历史是世世代代的现实存在的人们通过自己的实践活动创造出来的。因此，实现幸福的动力机制包括现实性与发展性的统一。

在幸福的现实性维度上，表现为实现幸福需要有充足的现实条件。具体来说，可以从三个方面进行解读：马克思要考察的对象是"现实的人"通过"现实的手段"追求的"现实世界中的幸福"。第一，作为幸福主体的人的现实性。在马克思之前的诸多幸福观中，古希腊哲学家的幸福观以自然界的人为主体，主要关注个人的幸福如何实现；中世纪的宗教哲学主张的幸福观以宗教世界中的抽象的人为主体，认为人只有信奉上帝，遵守教会的规则进行赎罪，才有可能获得来世的幸福。到了康德和黑格尔哲学时期，西方哲学发展到了成熟的形而上学阶段，但此时作为幸福主体的人仍然是抽象的形而上学的人，不具有社会性。可见，在马克思之前的西方各种幸福观中所涉及的人都是抽象的、形而上学层面的人，只有马克思将"人"放在历史活动中进行考察，他认为"人"应该是"现实的人"，这一说法将"人"从抽象意义上拉回了现实意义的层面。马克思明确指出，所谓"现实的人"，既不同于费尔巴哈思想中抽象的、孤立的人，也不同于黑格尔哲学中作为感性存在的人，也不是想象中的人，而是指"在历史中行动的人"④。换言之，"现实的人"即

---

① 马克思、恩格斯：《马克思恩格斯全集》（第 1 卷），北京：人民出版社 1995 年版，第 459 页。

② 于昆：《马克思幸福观要旨及其时代意蕴》，《广西师范大学学报（哲学社会科学版）》，2013 年 49 卷第 6 期，第 30-34 页。

③ 袁贵仁编：《对人的哲学理解》，上海：东方出版中心 2008 年版，第 379 页。

④ 马克思、恩格斯：《马克思恩格斯文集》（第 4 卷），北京：人民出版社 2009 年版，第 294 页。

在实践的基础上，能够生产物质资料，同时又能够在实践活动中能动地发展出社会关系的人。由于现实的人能够进行物质生产活动，因而这些现实的人是受他们的生产力发展程度和与之相适应的意识形态制约的。虽然这些现实的人不能避免这些限制，但是他们能够在这种限制中发挥自己的主观能动性从而促进个人以及社会历史的发展。

第二，实现手段的现实性。在基督教的教义中，上帝能够赐予人来世的幸福。这里的幸福是虚幻的彼岸世界的抽象的幸福，实现幸福的手段是"由上帝赐予"，因而这里的实现手段也是虚幻的、不现实的。马克思指出，费尔巴哈理论的根本缺陷是他把抽象的理论层面中的抽象人当成了现实世界的现实人。现实生活的本质是实践的，只有通过实践废除虚幻的宗教幸福，才能确立现实世界的真理，最终实现实意义的幸福。换言之，人不能通过上帝消除掉现实世界中的不幸，人不应该逃避现实，而应该拿回追求幸福、实现幸福的主动权，通过实践活动来消除不幸福的现实生活，通过现实的手段实现现实的幸福。当时的哲学并没有解决理论的对立性问题，他认为以往的哲学家们专注于解研究形成问题的原因，实际上"问题在于改变世界"①。由此马克思提出了实现幸福的路径只能是现实的实现路径——实践。

第三，幸福场域的现实性。第一，马克思在《〈黑格尔法哲学批判〉导言》中首次使用了"幸福"这一学术概念，同时他还主张"废除作为人民的虚幻幸福的宗教，就是要求人民的现实幸福"②。第二，所谓"来世的幸福"是虚假的不存在的，是宗教用来麻痹穷苦大众的鸦片。穷苦大众选择相信宗教的根本原因是因为他们在实际的现实生活中得不到幸福，因而只能去宗教中寻找精神上的慰藉。第三，真正的幸福不是指宗教虚构出来的所谓"彼岸世界的幸福"，而是客观存在于现实世界的"此岸幸福"。中世纪的宗教幸福观一味地强调人们只有在现实生活中禁欲赎罪才能获得来世在彼岸世界中的幸福，否认了人的现实生活的价值，实际上宗教是"人的本质在幻想中的实现"③。费尔巴哈发现了宗教的欺骗性，但是"他没有把人的活动本身理解为客观活动"④。马克思发现了这一根本原因并提出了真正的幸福应该

---

① 马克思、恩格斯：《马克思恩格斯文集》（第 1 卷），北京：人民出版社 2009 年版，第 506 页。

② 同上书，第 4 页。

③ 同上书，第 3 页。

④ 马克思、恩格斯：《马克思恩格斯全集》（第 3 卷），北京：人民出版社 1995 年版，第 3 页。

立足于现实的"此岸世界",而不是虚假的"彼岸世界"。由此,马克思实现了幸福场域从"彼岸世界"到"此岸的现实世界"的转换。

在发展性维度上,幸福在不同的历史境遇和社会空间中承载的具体内涵和价值指向的不同体现出了幸福的发展性。首先,追求幸福指的是在一定的历史条件下的现实意义的人通过一定的实践活动来推动现实的幸福的实现。如历代中国共产党人都通过实践活动为最终实现人民幸福而奋斗,而具体到某一阶段的奋斗目标的内涵则是不同的。

其次,在不同的历史条件下,幸福的内容是随着社会的发展而发展变化的,人们能够实现的幸福程度也是随之发展变化的。中国共产党人始终追求人民幸福这一"最终目标",实现"两个一百年"奋斗目标和实现中华民族伟大复兴的中国梦以及"两步走"建设社会主义现代化强国则是在具体历史条件下的某一阶段的"近期目标",后者内含于前者之中,两者在本质上是一致的,即目标都是为人民谋幸福。从中国共产党对不同阶段的目标设定来看,也可以证明幸福在不同阶段的具体指向是不同的。最后,一定时代的幸福的具体内涵是由这一时代的主要矛盾的变化决定的。随着中国社会的主要矛盾的变化,中国社会的幸福的具体内涵也随之发生了变化。1956年中国社会的"幸福"是希望当时社会生产能够逐步满足人民日益增长的物质和文化需要。如今,新时代的中国的"幸福"是希望社会发展能满足人民日益增长的美好生活需要。这两对主要矛盾的变化体现出了人们从最开始的单纯的物质需求变成了对物质精神的双重需求,进而发展成为对美好生活的需求。这种变化正体现了幸福的具体内涵在不同时代的发展性。

马克思幸福观在现实的实践活动中产生并在现实的实践活动中得到检验和发展,从而推动人类社会历史现实的实践向前发展;人类历史实践又反过来要求马克思幸福观与时俱进地向前发展。这就体现了马克思幸福观的动力机制是现实性和发展性的统一,最终在这种相互作用的过程中也实现了马克思幸福观的不断发展。

五、发展架构:幸福蕴含主体性与历史性的统一

马克思认为人是历史的主体,历史是由人创造出来的历史。人既是历史的产

物，同时也是历史的创造者与推动者。之前的哲学家们都没有找到历史发展的真正主体，所以也就无法找到实现幸福的真正力量。在历史的长河中，不同时代的现实的人在整个历史中，依据时代的特点，在历史发展和历史进程中来追求属于特定时代的幸福。

在主体性层面上，首先，马克思在大学时期就表现出了对主体思想与幸福关系的探索。在其博士论文中，他没有赞同前人对伊壁鸠鲁的原子脱离直线的学说的否定性评价，而是大力赞扬伊壁鸠鲁学说中的主体意识。在马克思看来，伊壁鸠鲁对原子倾斜运动的解说不仅改变了原子的内部结构理论，还在一定程度上唤起了人们自我意识的觉醒。同时，马克思清楚地知道伊壁鸠鲁过分强调对内寻求心灵的宁静，而忽视了人本身必然与外部世界保持联系。《莱茵报》时期，马克思在工作时关注到捡拾枯枝的农民的不幸，这是他第一次遇到要对"物质利益"发表看法的难事。之后他开始着手研究社会发展的客观规律，他发现黑格尔的国家观与现实世界中实行的国家管理规则大相径庭，国家与法律都沦为了维护私人利益的手段。这种巨大的矛盾推动马克思开始寻求解决之道。在《黑格尔法哲学批判》中，马克思深入地研究了国家与市民社会的关系，提出了无产阶级作为历史主体的思想。可以说，马克思创立历史唯物主义理论的最终目标就是在掌握历史发展规律的基础上，找到能够实现人的自由全面的发展的实践路径，最终实现"解放全人类""幸福全人类"的美好愿景。在《1844年经济学哲学手稿》中，马克思进一步研究与市民社会相关的理论，提出了"异化劳动"的理论。他指出，人的主体性在资本主义私有制中被消解，人从劳动主体异化成为进行劳动的工具。在《关于费尔巴哈的提纲》中，马克思指出了从前的所有唯物主义的主要的缺点是对于对象、感性、现实"不是从主体方面去理解"[1]，从而提高了实践的地位。马克思认为，当前形成的世界并不是纯粹的客观存在，世界的形成实际上深受人类实践活动的影响。人类通过自身的实践活动改变了作为客体的世界，也就是把作为主体的人的主观意图在现实世界中现实化。因此，有了自在自然与人化自然之分。马克思通过提升实践的地位，提出人在自然界中占主体地位，因此超越了旧唯物主义和唯心主义。

其次，在解决了主体性概念的问题之后，马克思指出了费尔巴哈"抽象的人"

---

[1] 马克思、恩格斯：《马克思恩格斯文集》（第1卷），北京：人民出版社2009年版，第499页。

的问题，提出了从"现实的人"出发，着眼于整个人类社会的历史发展规律来论证人如何能够实现幸福。新旧唯物主义的重要区别是是否承认现实的人是主体。可见，主体性思想在马克思的思想发展历史中起着关键作用。在主体性层面上，可以从本体论、认识论、历史观这三个方面来理解。一方面，在本体论意义上，主体是相对于客体存在的概念，这里的主体性主要体现在人与人的关系上。人的本质是"一切社会关系的总和"[1]。另一方面，在认识论意义上，从哲学角度来看，主体是相对于客体的概念，那么幸福的主体性就是指人们在追求幸福的过程中所表现出来的能动性、自觉性和创造性。"主体是人，客体是自然"[2]，人既是进行实践的主体，又是认识的主体，同时贯穿于追求幸福的过程之中。

在历史性层面上，马克思的主体性思想与历史性思想融为一体。一方面，马克思幸福观的理论基础就是历史唯物主义，"在历史中行动的人的幸福"是历史唯物主义的重要研究对象。历史唯物主义最初曾被一部分学者误解，它被误解为"无人历史观"。不断地发展变化就是历史的本质规律，那么人作为历史的产物，其本质同样也是不断发展变化的。另一方面，马克思幸福观是一个历史的范畴，幸福应当是一种历史性的活动。"历史不外是各个世代的依次交替。"[3]幸福应是人们通过整体意义上的历史关系和历史活动来获得的。人类历史是不断发展变化的，历史是现实存在的一代又一代的人们进行创造的产物，同时也是一代又一代的人们创造历史的起点。幸福的具体内容由一定的历史条件来决定的。在不同的历史阶段上幸福具有不一样的具体内容，同时又包含着不同历史时期的烙印。因此，马克思幸福观的发展架构是幸福蕴含着主体性与历史性的统一。

（张敏　王治东，东华大学）

---

[1] 马克思、恩格斯：《马克思恩格斯选集》（第1卷），北京：人民出版社2012年版，第135页。

[2] 马克思、恩格斯：《马克思恩格斯文集》（第8卷），北京：人民出版社2009年版，第9页。

[3] 马克思、恩格斯：《马克思恩格斯选集》（第1卷），北京：人民出版社2012年版，第168页。

马克思自由思想视域下的美好生活研究

□ 钱慧娟

一、历史背景：美好生活和人的自由的内在联系

"美好生活"作为一个历史性概念，承载着人们从古至今对生活的美好憧憬与向往，从传统社会到资本主义社会，到今天有着一定的发展与演变。在古希腊，美好生活是加入政治共同体和进行政治活动的政治生活。亚里士多德在《尼各马可伦理学》中区分了自由人可选择的三种生活方式——享乐生活、思辨生活和政治生活，自由指完全不受生存必需品和由于生存必需而产生的关系所束缚。[①]自由人的三种生活方式都关注"美"的事物，享乐生活在物中消费美，思辨生活在言中探索美，政治生活在行中收获美。只有政治生活堪称美好生活是因为人在介入社会事务的同时进行了自身价值的实现。但古希腊的美好生活是存在缺陷的：一是美好生活是一部分人的美好生活。政治生活是自由人才能拥有的生活方式，脱离必要的维持生活的劳动付出。二是美好生活建立在群体本位价值取向上。用政治共同体的生活取代个人的生活，把政治共同体的"美好"等同于个体生活的"美好"。[②]西方国家的现代化进程打破了传统社会人对共同体的依赖性，人摆脱了人身依附关系的束缚，从仅仅作为政治生活中的"公民"的单一存在到既作为政治生活中的"公民"同时又作为经济生活中的"市民"的复合存在。资本主义社会的美好生活是法律上

---

① ［美］汉娜·阿伦特：《人的境况》，王寅丽译，上海：上海人民出版社 2017 年版，第 5 页。
② 于春玲、黄莎：《新时代"美好生活"释义》，《中国社会科学报》2020 年 9 月 8 日第 8 版。

平等的独立个人的自由竞争的经济生活。和传统社会的美好生活一样，资本主义社会的美好生活也是有缺陷的。一是美好生活建立在剥削他人劳动的基础上。资本主义社会中，生产资料归资本家私人占有，被剥夺了生产资料的劳动者除了出卖自己的劳动力别无他法。资本家的逐利本质使其通过榨取工人的剩余劳动创造的剩余价值获得高额的利润。二是美好生活滋生了人的异化的问题。人的异化是指人脱离了人的本质，人不再为人。人的现实存在是一种客观的存在，而人本来应该有的样子即人的本质。人的异化表现为人的现实生存状况和人本来应该有的样子相背离，即人的存在与人的本质的不符。无论是传统社会还是资本主义社会的美好生活，都指向部分特权群体而非所有人民群众。

"美好生活"从传统社会到资本主义社会到当今社会，再到今天的社会主义社会，呈现出不同的内涵，但也有着不变的核心：人的自由的实现。传统社会中，亚里士多德所说的自由人才有资格过上美好生活。美好生活在传统社会等同于实现政治自由的生活，人不为必要的生计所累，有资格、有时间进行政治活动。美好生活在资本主义社会等同于实现经济自由的生活，人摆脱了对他人和集体的人身依附，在市场秩序中进行经济活动。无论是传统社会还是资本主义社会，过上美好生活的人都是实现了自由的人。由于时代的局限性和制度的局限性，传统社会和资本主义社会下人的自由都是局部的自由，人的本质是片面的政治存在物或经济存在物。也就是说，之前社会的美好生活不仅实现的是部分人的自由，还实现的是片面的不完整的自由。而当今社会的美好生活面向的是人民群众，实现的是人的自由全面发展。美好生活在根本上指向人的存在方式和生活方式，美好生活这个宏大的图景落实在具体个人身上就是自由的实现。传统社会中，人的自由受集体的压制，群体本位价值凌驾于个体本位价值之上，个体的自由消失于群体的自由中。资本主义社会中，人的自由受物的控制，人与人的关系和人与自然的关系都因异化而对立。传统社会和资本主义社会中，人的本质力量都是被外部力量压抑的，存在方式和生活方式是无法选择的。而当今社会的美好生活的出发点和目的都是人民，人民是美好生活的创造者同时也是美好生活的享受者，在通过劳动创造美好生活的同时一切发展成果由人民共享。从传统社会到资本主义社会，美好生活中的人与自身劳动的关系是割裂和脱节的，私人生活与公共生活是不和谐发展的。传统社会中，劳动被视为是卑贱的奴隶所专属的活动；资本主义社会中，劳动是被剥削者所从事的活动。私人生活在传统社会中失语于公共生活，在资本主义社会中和公共生活呈现两极发展的态势。从人的存在方式和生活方式看，美好生活中的人应该是个人存在价值的实现和生活方式的自由选择。传统社会中，人在政治生活中通过参政实现个人价值；资本主义社会中，人在经济生活中通过资本实现个人价值。无论是参政还是资本，都以他人的劳动为中介，自己是没有进行直接劳动的。当今社会的美好生活依靠广大人民群众的共同奋斗，劳动被视为光荣和伟大的活动，劳动是实现个人价值的重要路径。在私人生活和公共生活上，当今的美好生活要求将个人发展融入国家复兴大业。不同于传统社会中的失语和资本主义社会中的背离，当今的美好生活有利于和谐发展。总而言之，美好生活在不同时代以不同方式实现人的自由，落实在具体个人身上表现为生存方式和生活方式。

二、理论梳理：马克思自由观的文本分析

美好生活的创造与人的自由的实现息息相关，而"人的自由何以可能"需要从马克思有关自由的思想资源中寻找。马克思的自由观从文本上看历经三个理论发展阶段：萌芽时期的唯心主义的自由观；发展时期的人本主义的自由观；成熟时期的历史唯物主义的自由观。

马克思的自由思想可以追溯至其博士论文《论德谟克利特的自然哲学和伊壁鸠鲁的自然哲学之间的差别》。这篇论文彰显了马克思的无神论立场和发现伊壁鸠鲁"原子偏斜学说"自由价值的重大创新，为人的自由奠定了无神论的基调和独立能动的内核。马克思在其博士论文序言引用埃斯库罗斯的《被锁链锁住普罗米修斯》，借普罗米修斯"我痛恨所有的神"开宗明义地宣告其无神论的哲学立场。[①] 无神论的立场不仅仅是表达世上无神的观点，更重要的是致力于将人们从有神论的思想束缚中解放出来，使人的关注点从天国的神转为尘世自身，这为现实的人的自由的实现创造了可能性。在博士论文中，马克思通过德谟克利特的原子的直线运动和伊壁鸠鲁的原子的偏斜运动来谈论必然性与偶然性。将原子比作人，必然的直线运动意味着宿命论中人对现实无力反抗，而偏斜运动打破了必然性这种命运般的束缚，人

---

① 马克思、恩格斯：《马克思恩格斯全集》（第 1 卷），北京：人民出版社 1995 年版，第 12 页。

的本质力量在斗争中彰显以及能动性在反抗中得以激发和高涨。"下落运动是非独立性的运动。"① 反而言之，偏斜运动是独立的运动。偏斜运动的具有偶然性的外在结果实际上指向原子内在的必然性的独立特质。马克思博士论文的无神论立场和对必然性的超越表达了对自我意识的重视，人的自由的实现首先要实现自我意识的觉醒。"抽象的个别性是脱离定在的自由，而不是在定在中的自由。它不能在定在之中发光。"② 但是仅仅拥有自我意识无法获得现实世界中的自由，因此此时的马克思的自由思想还局限在理念世界，不具有现实维度。

马克思的自由思想在《1844 年经济学哲学手稿》（以下简称《手稿》）中得到进一步的发展，从哲学批判到政治经济学批判的转向意味着人的自由被置于现实世界进行思考。马克思在《手稿》中将人看成是类存在物，即人拥有有意识的生命活动。"一个种的整体特性、种的类特性就在于生命活动的性质，而自由的有意识的活动恰恰就是人的类特性。"③ 也就是说，人的本质是进行自由自觉的活动，人的本质力量通过劳动涌现出来。但是资本主义制度下，异化劳动奴役了人，限制人进行自由自觉的活动，从而扭曲了人的本质，阻碍了人的发展。异化劳动使人与其劳动产品异化、与其劳动活动异化、与其类本质异化和他人异化，最终导致人的全面异化。也就是说，异化劳动带来的人的异化表现为两个维度：人与物的异化和人与人的异化。异化劳动中，人不仅失去了属于自己的"物"，还遭受成为异己的存在物的自己的和他人的"物"的奴役。人因缺乏生产资料而无法进行独立的生产活动，因而被迫沦为工人，成为资本主义生产过程的一部分。工人在生产活动中被物化，被视为和劳动产品一样的物的存在。"工人越是通过自己的劳动占有外部世界、感性自然界，他就越失去生活资料。"④ 也就是说，工人作为物的存在的地位还不如自己的劳动对象，甚至成为自己对象的奴隶。异化劳动中，资本家和工人的关系可以看作是主奴辩证法的现实演变。资本家和工人这对剥削与被剥削的关系想要持续下去，需要主奴辩证法中重要的一环：承认。"自我意识是自在自为的，这由于、并且也就因为它是为另一个自在自为的自我意识而存在的；这就是说，它所以存在只

① 马克思、恩格斯：《马克思恩格斯全集》（第 1 卷），北京：人民出版社 1995 年版，第 33 页。
② 同上书，第 50 页。
③ 马克思：《1844 年经济学哲学手稿》，北京：人民出版社 2018 年版，第 53 页。
④ 同上书，第 48-49 页。

是由于被对方承认。"①而这相互承认恰恰意味着资本家和工人都是异化的。人的本质是进行自由自觉的劳动,工人受剥削因而其劳动是非自由的,资本家作为资本的人格化存在未从事劳动活动。异化劳动中人是没有自由的,无论是对物还是对人。因此,想要实现人的自由就要摆脱异化劳动,马克思提出的解决方案是共产主义。"共产主义是对人的自我异化的积极的扬弃,通过人并且为了人而对人的本质的真正占有。因此,它是人向自身、也就是向社会的即合乎人性的人的复归,这种复归是完全的复归,是自觉实现并在以往发展的全部财富的范围内实现的复归。"②《手稿》中马克思立足人的劳动思考自由的实现问题,对自由的探索从理念世界跳脱出来,但还残留着费尔巴哈的人本主义色彩。

马克思自由思想的成熟形态为人的自由全面发展,以现实的历史的人为理论前提,以人类社会发展三形态为历史依据,以人的自由发展和人的全面发展为具体内容,以自由人的联合体为实现路径。"这种历史观就在于:从直接生活的物质生产出发阐述现实的生产过程,把同这种生产方式相联系的、它所产生的交往形式即各个不同阶段上的市民社会理解为整个历史的基础。"③在《德意志意识形态》中,马克思批判费尔巴哈的人是抽象孤立的。马克思将人置于现实的物质生产中,认为人是现实的历史的存在。"人的依赖关系(起初完全是自然发生的),是最初的社会形式,在这种形式下,人的生产能力只是在狭小的范围内和孤立的地点上发展着。以物的依赖性为基础的人的独立性,是第二大形式,在这种形式下,才形成普遍的社会物质变换、全面的关系、多方面的需要以及全面的能力的体系。建立在个人全面发展和他们共同的、社会的生产能力成为从属于他们的社会财富这一基础上的自由个性,是第三个阶段。"④在《1857—1858年经济学手稿》中,马克思分析总结了人类社会发展的不同阶段中人的生存状态:人与人相互依赖、人对物的依赖和人的自由全面发展。在最初生产力低下的社会阶段,人依靠与他人以自然为纽带结成的共同体获得生存。随着生产力的发展,个人力量冲破群体的桎梏,社会关系以物为中介,物促进社会发展的同时也被人所依恋。无论是对人的依赖还是对物的依赖,人

---

① 黑格尔:《精神现象学》(上卷),北京:商务印书馆1979年版,第122页。
② 马克思:《1844年经济学哲学手稿》,北京:人民出版社2018年版,第77-78页。
③ 马克思、恩格斯:《马克思恩格斯选集》(第1卷),北京:人民出版社2012年版,第171页。
④ 马克思、恩格斯:《马克思恩格斯全集》(第30卷),北京:人民出版社2012年版,第107-108页。

都是处于不自由的状态，客观环境的限制和主观内在的异化都阻碍了人的自由的实现。"全面发展的个人——他们的社会关系作为他们自己的共同的关系，也是服从于他们自己的共同的控制的——不是自然的产物，而是历史的产物。"① 人的自由全面发展在对前两个阶段积极扬弃的基础上实现了人的自由，摆脱了自然的束缚，人与人的关系得以自由地建立。人的自由全面发展即人的自由发展和人的全面发展，这从主客两方面揭示人的自由的实现逻辑：人的自由发展意味着个体具有独立性和能动性，这要求人具有一定的认知水平和批判能力。人的全面发展意味着客体的多样性和丰富性，这要求生产力发展水平高和物质的极大丰富。也就是说，人的自由的实现与人类社会发展紧密相连，自由是个体和社会共同孕育下的结果。马克思的"自由人的联合体"堪称人的自由的实现的理论模型。马克思在《共产党宣言》里把共产主义社会视为"每个人的自由发展是一切人的自由发展的条件"的联合体，简称为"自由人的联合体"。②

三、现实路径：人自身、物质条件、人类发展

美好生活的创造和人的自由的实现密不可分，美好生活的图景通过人的自由的实现展露出来，人的自由的实现过程就是美好生活的创造过程。通过对马克思自由思想发展脉络的梳理和分析，可以从人自身、物质条件、人类发展三个方面分析创造美好生活的现实路径。

从人自身的维度看，美好生活的创造需要拥有正确的自由观。当今世界生产力的高速发展促使技术更迭迅速、信息传播广泛，极端个人主义等错误的自由观侵蚀着人们的思想。因此，我们要树立正确的自由观，提高对错误自由观的辨别能力，自觉抵制错误自由观的影响。首先，马克思的自由是历史唯物主义的，不是形而上学的思辨活动。马克思扬弃了黑格尔的世界历史中的自由观，以现实的人及其现实的物质生产运动来代替黑格尔的自我意识的运动。③ 从马克思对黑格尔自由思

---

① 马克思、恩格斯：《马克思恩格斯全集》（第 30 卷），北京：人民出版社 2012 年版，第 112 页。

② 马克思、恩格斯：《共产党宣言》，北京：人民出版社 2018 年版，第 51 页。

③ 苗贵山、王婧然：《马克思对黑格尔世界历史中自由观的扬弃》，《人民论坛·学术前沿》2021 年第 22 期，第 134-137 页。

想的积极扬弃中可以看出，马克思肯定其自我意识的自为性。以《论德谟克利特的自然哲学和伊壁鸠鲁的自然哲学之间的差别》为例，在偶然性对必然性的打破中绽放的是自由的可能。但是马克思所认为的历史不是黑格尔那般从理念世界推演出来的，而是从物质生产活动中发展出来的。自由观的历史唯物主义属性意味着两点，一是自由的实现依靠人们的实践活动去推动历史发展，需要人民群众的努力奋斗去创造历史而非止步于理念世界等待历史的到来。二是自由的实现需要一定的物质基础。"人们为了能够'创造历史'，必须能够生活。但是为了生活，首先就需要吃喝住穿以及其他一些东西。因此第一个历史活动就是生产满足这些需要的资料，即生产物质生活本身。"[1] 一切历史的第一个前提是生产物质生活本身即进行生存活动，而这也是实现自由的第一个前提。其次，马克思的自由是对客观必然性的把握。在《资本论》中，马克思将博士论文中的必然性和偶然性发展为必然王国和自由王国。"自由王国只是在必要性和外在目的规定要做的劳动终止的地方才开始；因而按照事物的本性来说，它存在于真正物质生产的彼岸……在这个必然王国的彼岸，作为目的本身的人类能力的发展，真正的自由王国，就开始了。但是，这个自由王国只有建立在必然王国的基础上，才能繁荣起来。"[2] 自由王国是基于必然王国发展后的高级阶段，人在把握客观规律的过程中进行物质生产活动从而达到人的自由的实现。从自由的劳动到劳动的自由，自由的过程发展为自由的结果。恩格斯在《反杜林论》中，就论及自由与必然的关系："自由不在于幻想中摆脱自然规律而独立，而在于认识这些规律，从而能够有计划地使自然规律为一定的目的服务。"[3] 自由不是孤立的存在，也不能和必然割裂开来，自由以必然为前提并在对必然的能动运用中显露出来。

从对物质条件的维度看，美好生活的创造需要实现劳动自由。物包括未经人化的自然之物和人造的社会之物。从劳动的维度看，人与自然之物发生在劳动前，人与社会之物发生在劳动后。人的本质力量通过劳动表现出来，对自然之物的能动性改造是人的自由的体现。因此，要提高劳动者的主体地位，弘扬劳动最光荣的精神，用劳动创造美好生活。第一，要创造良好的劳动氛围。劳动方式多种多样，不

---

[1] 马克思、恩格斯:《马克思恩格斯选集》(第 1 卷)，北京：人民出版社 2012 年版，第 158 页。

[2] 马克思:《资本论》(第 3 卷)，北京：人民出版社 2004 年版，第 928—929 页。

[3] 马克思、恩格斯:《马克思恩格斯全集》(第 26 卷)，北京：人民出版社 2014 年版，第 120 页。

应有高低贵贱之分，应给予尊重和理解。第二，为劳动方式的自由选择创造条件。人们应该有根据自己能力和喜好自由选择劳动方式的权利，这是劳动者发挥其主体性、实现其个人价值的前提。第三，劳动者间应建立健康和谐的关系。劳动者之间应该是平等的，不应以劳动角色的不同进行对立和欺压。只有重视劳动者的利益需求、提高劳动者的主体地位，才有利于劳动者聪明才智的发挥，从而创造美好生活。人的异化在人与物的关系上表现为对象物的丧失和被对象物奴役。资本主义生产方式下，资本家基于既往无偿占有工人的剩余劳动时间而积聚大量资本，实现对工人的劳动时间的控制，滋生了劳动异化的问题。资本随着生产力的发展与科学技术结合，演变出数字资本的新形态，产生数字劳动的新模式。"在后工业时代，在资本主义体系的全球化时代，在工厂—社会的时代，以及在计算机化的生产取得胜利的阶段，劳动彻底处于生活的重心，而社会作业彻底扩展至社会的各个场所。这就将我们引向一个悖论：就在理论无法看到劳动之时，劳动无处不在，并且在所有地方成为唯一共同的实体。"[①]迈克尔·哈特（Michael Hardt）和安东尼奥·奈格里（Antonio Negri）认为数字技术的发展会带来劳动泛化的问题，劳动将无处不在。在数字资本主义的影响下，马克思的劳动时间和自由时间从辩证统一现在变为割裂对立。自由时间是劳动时间以外自由支配的时间，自由时间的消费和享受促成劳动力的再生产，有利于人的身心健康发展。也就是说，劳动时间和自由时间的区分一方面构成了物质生产活动的良性循环，另一方面促使人的自由全面发展。数字劳动带来的劳动泛化意味着劳动时间和自由时间边界模糊化，这既使得社会生产活动不稳定，又使得人的身心遭受摧残、再生产能力减弱。因此，一方面，要关注资本形态的变化和资本逻辑的发展，进行持续的动态追踪和及时的对策分析；另一方面，要随着时代变化跟进对变化着的生产方式的认识，数字劳动本质上是在数字生产方式上展开的劳动形式，对其背后数字资本主义的应对之策的研究不能脱离对生产方式的把握。

　　从对人的维度看，美好生活的创造需要建设人类命运共同体。"人同自己的劳动产品、自己的生命活动、自己的类本质相异化的直接结果就是人同人相异化。"[②]

---

① Micheal Hardt and Antonio Negri: *Labor of Dionysus: A Critique of the State-Form*, Mineapolis: University of Minnesota Press, 1994, p.10.

② 马克思：《1844 年经济学哲学手稿》，北京：人民出版社 2018 年版，第 54 页。

劳动异化最终结果是人同人相异化，因为人的社会性决定了人的任何关系都通过人对他人的关系表现出来。马克思在《评一个普鲁士人的〈普鲁士国王和社会改革〉》中提出：真正的共同体是人的本质。① 真正的共同体在现实生活中应该体现出人之为人的全部类本质，而人的异化表明资本主义社会是虚假的共同体。自由人联合体是马克思对高于和替代资本主义社会形态的一种构想即生产力高度发达的共产主义社会，在这种真正的共同体中人才能得到自由全面的发展。自由人联合体的理论构想在我国社会发展现阶段以人类命运共同体的具体形式展现出来，也就是说人类命运共同体是马克思共同体思想的理论逻辑在具体时代背景下的现实产物。"在其现实性上，人的本质是一切社会关系的总和。"② 人是社会历史中现实的人，因而无法脱离社会而独自发展，只有在共同体的发展中才能实现人的自由。人对自身的关系和对物的关系都通过对人的关系体现出来，因而人类命运共同体的建设可以从基于自身生存的需要和超越物的限制的发展的两个层次进行。人首先是自然的存在，需要促使人的第一个历史活动必然是生存生产活动。但人与动物的区别在于人的生产活动中存在与他人的社会关系，这意味着人的需要是在共同体中得以实现的。在今天，经济全球化深入发展，国家间的整体相关性日益密切。国家间经济文化深入交往，人员的流动与物品的流通广泛密切。在得到发展机遇的同时，也遭受着危机的波及。世界范围内发展失衡、地区冲突、恐怖主义、气候变化等全球性问题日益突出，人类社会发展面临的不确定性不断上升。发展是对现状的打破和超越，在个人身上表现为对有限性的突破，在人类社会上则体现为更高社会形态的更迭。"每一个单个人的解放的程度是与历史完全转变为世界历史的程度一致的。"③ 社会历史的进步需要个体的人的共同推动，人类文明的发展需要各个国家的共同努力。因此，要完善以人民为中心的社会主义国家共同体，在满足人民日益增长的物质文化需要的基础上，促进社会经济的共享发展，缩小贫富差距，实现个人自由与共同体自由有机统一。同时，为促进世界和平发展和全球治理提供中国方案，推动世界共同繁荣发展。

（钱慧娟，南京大学）

---

① 马克思、恩格斯：《马克思恩格斯全集》（第 3 卷），北京：人民出版社 2002 年版，第 395 页。
② 马克思、恩格斯：《马克思恩格斯选集》（第 1 卷），北京：人民出版社 2012 年版，第 135 页。
③ 同上书，第 169 页。

哈特穆特·罗萨的美好生活理论及评析

□ 张雨生

哈特穆特·罗萨（Hartmut Rosa，以下简称罗萨）是法兰克福学派第四代的代表人物之一，他以社会加速批判理论在学术界崭露头角，其批判理论受到了国内学界的普遍关注。罗萨的批判理论构成虽然复杂，但对美好生活的研究贯穿始终，形成了比较丰富的美好生活理论。这对于致力于解决人民日益增长的美好生活需要和不平衡不充分的发展之间的矛盾的中国来说，具备一定的参考意义。

一、美好生活的私有化与共鸣：罗萨"美好生活"的批判性内涵

罗萨对美好生活的思考是在对当代政治自由主义者美好生活观的直接批判中开启的。20世纪60年代以来，全球范围内出现了去殖民化和民权运动，多元主义文化逐渐兴起。这使得传统的自由主义已经无法处理一个得到普遍承认的理论前提：生命意义和理想生活方式的多样性和差异性是一个永远无法消除的事实。因为，传统的自由主义设计美好生活蓝图的人性论基础显然违背了包容不同生命理想和差异的价值观。正是在这一背景下，以约翰·罗尔斯（John Rawls）为代表的当代政治自由主义者提出，一个正义的社会不以任何特定的善的观念为基础，而是在承认每个人对美好生活的本质有不同见解的前提下，建构一个由人们共同认可的政治原则维系的政治秩序，让人们能够在其中相互合作和共同生活。[①]因此，人们对于"什

---

① 张容南、刘曙辉：《当代批判理论对政治自由主义美好生活观的批判》，《马克思主义与现实》2018年第5期，第136-143页。

么是美好生活"这个涉及每个人的根本问题的回答无疑有着自我决定的权利，这就导致了"美好生活问题的私有化"，即每个人应当自主决定自己的美好生活，而不存在一个普遍的和本质的关于美好生活的定义。对此，罗萨分析说道："伦理多元论已成为现代社会基本的文化条件，而美好生活已成为所有事情中最私密的个人事务。"① 这样的结果是，美好生活问题成了社会话语的禁忌，任何关于美好生活本身的公共性讨论都与美好生活私有化的"基本价值"背道而驰。

政治自由主义者真的能够在当代资本主义社会实现自己的理想吗？罗萨给出的答案是否定的。他将社会形态看作社会结构和个体文化面向两个方面共同作用的结果，因此，政治自由主义者理想的个体对美好生活理解的自主权利是无法实现的，它必然受到社会结构的影响。资本主义社会中的个体的美好生活偏好始终在资本主义政治、经济、文化的社会背景下形成，因此，人们只能选择与资本主义制度相符合的美好生活观念，即顺应资本增殖的生活。这样的后果是，何谓美好生活这一问题本身被悬置了，但资本主义扩张性的逻辑告诉我们要抓住实现美好生活的条件。罗萨指出，罗尔斯"不期待人们对于关于美好事物的各种理论会达成共识；但是，不管人们如何界定'美好事物'，'基本的美好事物'对人们而言总是多多益善的"②。这些"基本的美好事物"既包括自由和权利，又包括金钱、健康等，即资本主义生产与再生产体系中的一切资源。这种对美好生活的理解在资本主义现实生活中表现为人们为了夺取更多的资源而陷入无穷无尽占有的竞争之中，而在这种人与世界的关系之中，我们显然不会认为生活是美好的。因此，"人类生活（和社会条件）的质量不能简单地根据可用的选择和资源来衡量，而是需要检查与塑造所述生活的世界的关系。"③

正是在对当代政治自由主义美好生活观及其现实的批判上，罗萨重拾了对美好生活本身的讨论。他认为，"生活是一个人与世界关系质量的问题，即一个人体验和定位自己对世界的方式，一个人对世界的占有质量……如何区分美好生活与不那

---

① [德] 哈特穆特·罗萨：《分析、诊断与治疗：晚期现代社会形态的新批判分析》，胡珊译，《江海学刊》2020 年第 1 期，第 35-44 页。
② 同上。
③ Hartmut Rosa, *Resonance: A Sociology of Our Relationship to the World,* Trans. James C. Wagner, Cambridge, UK: Polity Press, 2019, P.26.

么美好生活的核心问题可以转化为如何区分与世界的成功和不成功关系的问题。"①也就是说，美好生活意味着一个人与世界成功的关系，那么，这种与世界成功的关系是一种什么关系呢？罗萨给出的答案是：共鸣（resonance）。

在通常意义上，我们将"共鸣"理解为一种感受到他者与自我相同的情感体验，而罗萨的"共鸣"与之大相径庭。罗萨考察了共鸣的词源，共鸣本意指物理中的一种声学现象，例如两个频率相同的音叉靠近，其中一个振动发声时，另一个也会发声，并且处于共鸣关系的两个音叉的振动会相互增强，振幅越来越大。罗萨通过以布鲁诺·拉图尔（Bruno Latour）为代表的"新唯物主义"②为本体论基础，将物理学意义上的共鸣推衍到人们与世界的关系上，就得出这样的结论：共鸣是一种主体与世界的关系，它通过刺→激（af→fect）与感→动（e→motion）、内在兴趣与自我效能感来形成，而主体和世界在共鸣中相互影响和转变③。具体来说，共鸣具有以下特征：第一，因刺→激而产生的心中触动。共鸣意味着，主体内在地被一些事物所触及和感动，从而对其遭遇的世界产生内在兴趣。换句话说，这是世界向主体"说话"的一个过程。第二，由感→动而产生的自我效能感。共鸣只有当我们也能够触及另一边，即当我们感觉到与世界相联系，我们自身能够影响世界中的某些东西的时候才存在。这是主体回应世界的一个过程。第三，适应性的转变。产生共鸣的主体与世界会随着相应情况发生改变，这是上述两个过程双向互动的结果。因此，主体与世界只有经由刺→激、感→动和适应性的转变这三个过程，才能发生共鸣，否则，只是主体面对世界的情感状态或者主体征服世界的工具性关系。因此，在罗萨看来，共鸣是一种主体与世界的双向关系，这种关系是内在的，是人类在其深层结构中的渴望和基本需求，而且这种渴望和需求是客观存在的前反思的事物，

---

① Hartmut Rosa, *Resonance: A Sociology of Our Relationship to the World*, Trans. James C. Wagner, Cambridge, UK: Polity Press, 2019, P.5.

② 这里的"新唯物主义"与马克思在关于《关于费尔巴哈的提纲》中提到的新唯物主义并不是同一种理论，而是当代西方随着自然科学的发展而形成的一种新的关于本体论问题的思潮，它的一条核心观点是：物质是主客同一的、主动的、有生命力的、同主观意识和情感是一致的，无论是物质还是精神，都不存在先验的本质，只存在通过组合而形成的关系本质。这就是罗萨共鸣概念中世界得以向主体"说话"的观点的哲学基础。详细参见任丑、陆灵鹏：《西方新唯物主义思潮评析》，《思想理论教育导刊》，2021 年第 10 期。

③ Hartmut Rosa, *Resonance: A Sociology of Our Relationship to the World*, Trans. James C. Wagner, Cambridge, UK: Polity Press, 2019, P.174.

而非认知建构出来的。罗萨使用主体和世界，而不是主体和客体概念，正是为了强调主体是遭遇（encounter）世界并有内在意愿与世界建立关系的实体，世界是事物可以在其中发生以及主体遭遇对象的世界，以此抵抗传统二元论中主体与客体的对立。

罗萨的美好生活作为一种主体与世界双向互动的共鸣关系，其中包含了人与人之间的社会性共鸣、人与自然界的事物之间的自然性共鸣以及人与自身之间的身体性共鸣，意味着"两个或多个独立实体之间的对话，不仅允许矛盾而且甚至要求矛盾的对话"[1]。所以共鸣并不意味着主体与世界的和谐统一，恰恰以主体与世界的差异为前提条件。因此，罗萨共鸣的美好生活具有反工具理性的特征。一方面，共鸣强调主体与世界的相互对话、相互作用，因而主体与世界处于同等地位，主体与世界是真正内在的关系，而工具理性中的主体将世界视为征服的客体对象，其主体与客体本质上恰好是排斥性的支配控制关系。另一方面，罗萨认为，共鸣具有一个根本的特性，即不可控制性。共鸣的不可控制性表现在两个方面。其一，没有一种确定的方法或指南保证共鸣的出现。其二，主体和世界在共鸣关系中会发生适应性的转变，但主体和世界怎样被改变及其变化的结果都是无法预测的。换句话说，主体与世界的共鸣，并不是主体按照自我意图设计和规划而制造出来的一种关系，而是主体与世界内在发生的关系，即在罗萨看来，主体性在共鸣中应该加以批判。所以，罗萨说："它（共鸣）反对面向计算、规范、支配和控制的理性主义的具体化概念。"[2]

综上所述，罗萨在批判当代政治自由主义者美好生活观的基础上，明确将主体与世界之间的关系作为衡量美好生活的标准，这样一种美好生活应当是主体与世界建立起双向互动的共鸣关系。于是，问题就来到了为什么当代资本主义社会无法实现主体与世界间的共鸣关系以及如何突破这种困境。

二、动态稳定与异化：罗萨"美好生活"的困境

在罗萨看来，现代资本主义社会中，"人们的结构性的基本体验就是世界和生

---

[1] Hartmut Rosa, *Resonance: A Sociology of Our Relationship to the World*, Trans. James C. Wagner, Cambridge, UK: Polity Press, 2019, P.447.

[2] Ibid., P.171.

活的巨大的加速，以及因此带来的个体经验流的加速"[1]。因此，他将当代资本主义社会定义为"加速社会"。当代资本主义社会在科学技术、社会变迁以及生活节奏三个方面处于加速过程中，而且这种加速得到了社会竞争原则、文化永恒应许以及加速自我循环等推动机制的保证，成了一个持续的过程。当代资本主义社会这个持续加速的过程本身又成了一种结构性的强迫，即当代资本主义社会只有系统性地依赖经济增长、科技加速和文化创新来维持和再生产当前的社会结构才能自我持存，这种自我再生产的资本主义社会发展模式被罗萨称之为"动态稳定"（dynamic stabilization）。而在罗萨看来，这种动态稳定的社会阻碍了我们实现共鸣的美好生活，"向动态稳定模式的转变以及与之相关的升级（escalation）压力对人类如何置身于世界以及如何遭遇世界产生了严重后果"[2]。

动态稳定社会中的美好生活困境在于社会全面的去同步化（de-synchronisation）危机。去同步化是指两个系统或同一系统内部两个主体存在适应关系时，由于一个增加速度较快，而另一个较慢时，出现的不同步现象。罗萨将整个世界划分为了三个系统[3]，动态稳定的资本主义社会所有系统均出现了去同步化的危机。首先是宏观层面系统的生态危机，人类攫取资源的速度超过了自然界资源再生的速度，自然界自然恢复的速度跟不上人们对环境的破坏。其次是社会内部的危机，包括金融危机和政治危机。资本的本性要求资本追求增殖，资本家会不断追求利润最大化，这必然导致资本的过度积累危机，其典型表现为资本和劳动的盈余。资本通过循环来消耗资本和劳动盈余。为了缩短资本循环的周期，资本主义采取开发人们的消费欲望等手段加速资本的循环。然而，无论如何开发人们的消费潜力，真正的消费是跟不上全球性竞争市场的增长需求和速度需求的。而资本的金融循环与交易由于技术的发展可以达到十分迅速的地步，但具体的物质经济有着自身的速度上限。因此，金

---

① ［德］哈特穆特·罗萨：《加速：现代社会中时间结构的改变》，董璐译，北京：北京大学出版社2015年版，第35–44页。

② Hartmut Rosa, *Resonance: A Sociology of Our Relationship to the World*, Trans. James C. Wagner, Cambridge, UK: Polity Press, 2019, P.414.

③ ［德］哈特穆特·罗萨：《分析、诊断与治疗：晚期现代社会形态的新批判分析》，胡珊译，《江海学刊》2020年第1期，第35–44页。

融市场与"实体"或物质经济之间严重地去同步化①。在政治方面，政治意愿形成、决策制定和民主进程的实施在本质上是一个旷日持久的过程，而社会具有多元化和后传统主义的特征，社会网络、社会的交易链、行动和决策环境越来越复杂，所以民主进程也越来越缓慢。最后是微观层面上人们身心系统的危机。当今资本主义的快速发展得物质、社会、文化的再生产似乎永无止境地加速，因此，虽然人们攫取资源获得了相对丰富的物质生活，但是对应的是精神生活的相对贫瘠。人们的心灵结构和个体特质无法承受物质生活的加速变化，就会面临崩溃，罗萨指出，这种病征正以倦怠症和抑郁症的形式向人们敲响警钟。

罗萨在表明动态稳定的社会面临着去同化的社会危机之后，进一步分析了动态稳定社会是如何具体地阻碍了人们实现共鸣的美好生活。这表现在以下三个方面。

其一，动态稳定社会的升级逻辑扼杀了主体遭遇世界的内在兴趣。罗萨认为，动态稳定社会的"稳定"表现在三个方面：第一，基本制度秩序的稳定，特别是以竞争为导向的市场经济、科学系统、教育系统、福利系统、医疗系统以及一般的政治法律体系等秩序的稳定；第二，社会结构的秩序及社会经济的分层；第三，社会现状是由"积累"和"分配"这两个运作逻辑所界定的，也就是说，资本积累的提升逻辑、增长、加速、活化、创新这些事情本身是稳定不变的②。动态稳定社会"稳定"自身的手段则是现代主体，没有主体在自我升级和创新方面的成绩，就没有动态稳定社会的稳定社会。那么为什么现代主体自愿成了手段呢？在罗萨看来，社会结构层面的这种升级逻辑嵌入了现代主体的习惯结构中，一方面，我们自身有扩展自身可能性资源的欲望；另一方面，我们有着关于竞争失败的恐惧，因为在升级游戏中，如果个人自身不加速进步，就会被他人超越，从而失去实现美好生活先决条件的资源。两者的实现都需要主体在市场竞争中保持活力，都需要服从于市场中的工具理性，从而阻碍我们实现共鸣。而后者则根本破坏了主体遭遇世界的原初驱动力，主体不是因为渴望与世界建立共鸣关系和遭遇世界，而是因为害怕失去自身目前所拥有的资源而陷入动态稳定之中。

其二，动态稳定社会中主体与世界是一种工具性关系。在动态稳定社会中，主

---

① [德]哈特穆特·罗萨：《分析、诊断与治疗：晚期现代社会形态的新批判分析》，胡珊译，《江海学刊》2020年第1期，第35-44页。

② 同上。

体投入到增长、加速和创新的升级游戏之中，而主体实现增长、加速和创新的手段便是对世界的支配与控制。罗萨认为，主体在动态稳定社会中不是把世界看作遭遇的对象，而是看作入侵的（aggressive）对象，为了实现对世界的入侵和控制，主体使世界变成可利用的、可触及和可获得（available, accessible, attainable），即 3A 策略，资本主义社会中不仅通过科学扩充视野，技术控制世界，经济发展提供资源，还通过法律和政治公共组织保证这些过程的可预测和控制。因此，"一个以众所周知的时间稀缺为特征的高度动态的世界注定要与世界建立一种工具性关系，从而阻碍共鸣关系的发展"①。

其三，动态稳定社会钳制了主体与世界的适应性改变。罗萨的美好生活强调主体与世界之间建立共鸣关系，而其中一个重要的环节是在世界向主体"说话"、主体"回应"世界之后的主体与世界适应性改变的过程。共鸣从根本上反对工具理性，因此无法预测和控制主体与世界发生怎样的改变，但是，可以肯定的是，主体与世界发生适应性改变当然是朝着内在的共鸣关系的。在罗萨看来，动态稳定社会中主体跟随世界发生的改变、世界经由主体入侵而发生的改变全面钳制了主体与世界的适应性改变。因为，资本主义社会为了维持动态稳定社会必然会掌握、管理和控制世界，而"一种旨在掌握世界的一部分、管理它和使它可控制的态度是与共鸣的取向不相容的。这样一种态度通过麻痹其内在活力来破坏共鸣经验"②。

因此，罗萨认为，以经济领域表现最为明显的动态稳定模式已经全面深入到了当代资本主义社会生活的各个领域，它全方位地改变了置身其中的主体与世界的关系模式，主体与世界建立的是一种工具性关系，主体在其中担心竞争失败失去实现美好生活的资源而把世界看作入侵的对象，因而也无法实现与世界的共鸣、适应性转变。动态稳定社会中美好生活的现实困境是罗萨剖析社会结构层面阻碍共鸣的结果，与此相对应，他还进一步从文化个体层面分析了为什么我们在动态稳定社会里与世界的关系中感受到的是痛苦，这就是加速社会中的主体异化现象。

既然美好生活意味着一种一个人与世界成功的关系，那么，不美好生活则意味着一种一个人与世界不成功的关系。而在罗萨看来，这种关系就是异化。我们通常

① Hartmut Rosa, *Resonance: A Sociology of Our Relationship to the World*, Trans. James C. Wagner, Cambridge, UK: Polity Press, 2019, P.416.
② Ibid, P.406.

在马克思主义的意义上来理解异化，即主体的对立面客体，成为异己的力量反过来控制主体，马克思在《1844 年经济学哲学手稿》中具体探讨了资本主义生产过程中四个异化方面：工人同劳动产品相异化、工人在劳动过程中的异化、人和人的类本质相异化以及人和他人关系相异化。随着哲学的不断发展，异化概念出现了被"弃用"和"滥用"的现象，而法兰克福学派第四代另一位理论家拉埃尔·耶吉（Rahel Jaeggi）总结了发轫于卢梭的马克思主义和存在主义两种异化批判传统，在哈贝马斯交往行为理论和霍耐特承认理论基础上，重新阐发了异化概念。罗萨认可并使用了耶吉对异化的理解，在他看来，异化表示与世界的一种特定形式的关系，其中主体和世界以冷漠或敌意（排斥）相互对抗，因此没有任何内在联系，也即拉埃尔·耶吉所说的"无关系的关系"。因此，异化表明了一种状态，既然主体与世界相对立，那么世界在主体面前则是冷酷、僵化、令人厌恶和没有反应的，世界也就不向主体"说话"，主体也不会对世界进行"回应"，双方也就无法发生适应性的转变。因此，罗萨指出，异化是共鸣的"他者"——对立面。罗萨在马克思对资本主义社会中四个异化表现的基础上，阐述了人与空间、物界、行动、时间和自身五个方面的主体异化现象。

如前所述，罗萨认为，美好生活的现实困境就在于：动态稳定的社会模式使得人们投入到资源获取的竞争之中，并将资源获取本身看作美好生活的标志，主体与世界处于工具理性支配的关系中，主体感受到与世界是一种排斥外在的异化关系，因此，也就根本阻碍了共鸣的美好生活的实现。基于对美好生活内涵与困境的分析，罗萨构想出了一套突破现实困境的方案。

三、后增长社会：罗萨"美好生活"的实现路径

罗萨提出了"后增长社会"（post-growth society）社会这一新的社会形态范式来超越"动态稳定"社会。在他看来，后增长社会是"一种超越动态稳定模式的社会形态，一种总是能够增长、加速或创新的社会形态，以便朝着期望的方向改变现状（例如，为了克服短缺或解决新出现的问题），但这并不是为了维持体制现状和结构

上的自我复制而被迫升级"①。也就是说，罗萨并不是全盘否定动态稳定社会的核心逻辑，在他看来，一种超越动态稳定社会的新的社会形态仍然需要增长、加速和创新来为人们提供物质生活基础，但是这种增长逻辑并不是动态稳定社会再生产的自我复制逻辑，而是以满足主体与世界达成成功关系为目的的增长逻辑。对于这种新的社会形态，罗萨有以下三个具体构想。

其一，建立经济上的民主制度。罗萨认为，我们与世界关系的经济和政治、科学和技术、法律和官僚制度化的形式都是基于一种动态稳定的模式，它们都在主体方面强制执行相应的倾向和方向。因此，要想克服这种升级逻辑，必须进行根本上的制度改革。而这种升级逻辑的根源在于资本主义经济体系的自我增殖，所以，对动态稳定模式的根本制度改革需要从资本主义经济方面着手。在罗萨看来，只要经济活动遵循马克思的 M–C–M' 这个公式来运动，那么主体与世界关系的形式和质量都只能由这种强迫性的经济逻辑来决定，相反地，我们可以设想一种由主体与世界关系的形式来决定经济活动的方案。而"只有当我们能够成功地将市场条件和竞争重新嵌入社会文化生活中时，才能实现根据我们与世界关系的质量来建立经济条件"②，换句话说，要将我们与世界关系的质量以一种政治上的民主方式驯服经济活动，经济生产活动本身才能克服增长逻辑，也就是用经济上的民主制度来取代资本机器的盲目剥削机制。罗萨十分同意艾伦·梅克森斯·伍德（Ellen Meiksins Wood）对于这个问题的见解，在伍德看来，一种经济上的民主制度，不仅仅是一种新的所有制形式，还是一种新的动力机制、一种新的合理性和一种新的经济逻辑，而这种制度"最有希望的出发点存在于生产者对生产资料的重新占有的民主生产组织中。因此，需要强调的是，取代作为动力机制的市场合理性的好处，不仅会使工人，而且会使所有服从于市场需求结果的人都得到的更多，从他们对工作和休闲条件的影响——实际上正是时间组织本身——到他们关于社会生活质量、文化、环境以及普遍的'超经济'利益"③。

---

① Hartmut Rosa, *Resonance: A Sociology of Our Relationship to the World*, Trans. James C. Wagner, Cambridge, UK: Polity Press, 2019, P.437.

② Ibid., P.442.

③ [加] 艾伦·梅克森斯·伍德：《民主反对资本主义：重建历史唯物主义》，吕薇洲、刘海霞、邢文增译，重庆：重庆出版社 2007 年版，第 288–289 页。

其二，改进社会福利制度。罗萨认为，现代资本主义社会的社会政策和福利制度所遵循的深层逻辑是资本主义的积累原则。这种积累原则，首先在于生产剩余价值，进而对剩余价值进行分配。而社会福利制度将一部分剩余价值"无偿"进行分配的目的在于对社会中的个体和集体进行政治动员，这种补偿机制根本上是为了动员大众继续投入到资本主义生产活动中去。因此，社会政策与福利制度的制订来源于提升生产力的制度、计划和管制方式。在罗萨看来，后增长社会必须改进这种社会福利制度，其具体做法在于引入无条件的基本收入。因为，人们甘愿投入到动态稳定的升级逻辑的心理因素很大程度上在于对竞争失败而失去资源的恐惧，而一种无条件的基本收入可以使人们消除这种心理上的恐惧，将其基本生活方式从资源竞争转变为安全。也就是说，只有在保障基本收入的生计基础上，才有可能真正发展一种非强迫性的经济生产活动。在如何确保基本收入的资源筹备的问题上，罗萨同意托马斯·皮凯蒂（Thomas Piketty）在《21 世纪资本论》中的观点，即用"全球遗产税"来解决这一问题。作为无条件的收入的配套方案，罗萨还提出了一种无条件的"基本时间"政策，即保障个人可以自主管理与分配自己的（生命）时间，来实现自我的特殊需要。在罗萨看来，基本收入概念是设想中的后增长社会的宪法的基石，基本时间是后增长社会的一项基本权利。①

其三，倡导朝向适应性的改变。在罗萨看来，动态稳定模式的真正问题不在于动态特征，而在于其升级倾向。一种非动态的社会形态，即主动排斥或拒绝变化、创新、成长的"稳定"或"不变"社会，从历史发展的角度来看，当然是不可能的。因此，"后增长社会"不是"反增长"，而是反对动态稳定社会因为内在的、内生的必要需求而产生的结构性和强迫性的提升逻辑与加速逻辑。在罗萨看来，"后增长社会"的模式同样是动态的，但这种动态中的成长、加速和创新的出现是适应性的，即适应主体与世界关系这一环境的改变。动态稳定模式的驱动力来自经济和文化中的竞争原则以及最终的自我循环，因此，前述的两种方案均是为了消除动态稳定模式的动力因素，从而破解其自我循环的模式。在罗萨看来，这些动力因素任何一个未被消除，均无法想象一种"适应性的改变"。

虽然罗萨设想了超越动态稳定社会的社会形态，但他同时明确指出，关于如何

---

① ［德］哈特穆特·罗萨：《分析、诊断与治疗：晚期现代社会形态的新批判分析》，胡珊译，《江海学刊》2020 年第 1 期，第 35-44 页。

才能大规模地实现向后增长社会转变的问题不可能有总体规划，也不可能有改革的处方，这个问题基本上无法回答。因为这类似于人类如何从"中世纪"的社会形态走向现代社会的问题。① 在罗萨看来，现代社会所缺乏的并不是具体的改革方案或制度计划，而是需要一种能够突破动态稳定模式，实现新的主体与世界关系的可能性。只有存在这种可能性，我们才能够内在地具备执行通向一种新的社会形态的能力，而这种可能性，就是"共鸣"。换句话说，只有"共鸣"这种主体与世界成功关系本身蕴含着突破的可能性。因此，"共鸣"不仅仅是罗萨美好生活的内涵，同样由其自身显现出引领我们通向美好生活的能力。

由于共鸣根本上的不可控制性，我们无法对其进行筹划。但罗萨指出了实现共鸣的两个前提条件。其一，在前述的音叉共鸣中，两个音叉产生共鸣还需要一个前提条件，即共鸣的实现需要一个介质空间，主体跟世界的共鸣关系同样如此。个体和集体的共鸣通常遵循着特定的共鸣轴，一种被集体建构和维护的共鸣轴构成了共鸣发生的空间条件。罗萨区分出三种不同的共鸣轴：第一，水平共鸣轴，即社会面向上的共鸣，它使人们与他人联系起来，例如家庭、友谊以及民主政治体制都属于此种共鸣轴；第二，对角共鸣轴，即物质面向上的共鸣，它使人们同自己面对的物质联系起来，例如在工作中我们同工作对象产生的联结、在学校中的学习让我们更加了解世界与社会的运行规律以及体育运动和消费带给我们的激情澎湃；第三，垂直共鸣轴，它是将人类同神、生命、存在、宇宙等超越性范畴连接和联系起来的共鸣轴，例如宗教的虔诚、与自然的直接对话、艺术和历史的力量都让我们既感知外界，又深入自己的内心。在罗萨看来，上述三种共鸣轴都是由历史和文化建构起来的，它提供了主体与世界产生共鸣关系的空间与环境。

其二，共鸣需要主体的"共鸣意向"。既然共鸣意味着主体与世界的动态开放关系，那么共鸣的实现意味着三个维度：主体维度、客体维度和过程维度。首先，主体需要秉持倾听和回应的态度，即"共鸣意向"。如果主体没有期望共鸣，主体方面保持封闭，那么就不会有双向和过程性的共鸣。其次，客体也就是主体面对的世界需要向主体"说话"，这一过程实际上也是由主体来完成的。只有主体与世界发生接触，主体才能与世界发生关系，进而产生一种共鸣关系，这就意味着世界的

---

① Hartmut Rosa, *Resonance: A Sociology of Our Relationship to the World*, Trans. James C. Wagner, Cambridge, UK: Polity Press, 2019, P.183.

可接触性，但这种可接触性不意味着主体对于世界的完全控制。最后，主体和世界之间的相互反应，这由上述的共鸣轴创造空间。

具有"共鸣意向"的主体才能够在共鸣轴中期待着共鸣的发生。而共鸣自身能够给人们带来一种文化想象力和对未来的憧憬，使得我们内在生成一种可感知和可触动的远景，这种想象引领我们重塑我们作为主体与世界的关系，激发我们创造新的社会形态的可能。

四、对罗萨美好生活理论的评价

罗萨跟随其老师和前辈们的脚步，坚定地将对美好生活的追求作为自己批判理论的价值旨趣，并对直接展开了思考与研究，这不仅深化了其本人的批判理论、推进了法兰克福学派的当代发展[①]，而且对于中国特色社会主义的美好生活问题具有重要的启示意义。

其一，罗萨的美好生活概念——共鸣，强调主体与世界的内在互动关系，既肯定主体的自我效能感，又肯定了世界的内在价值，反对工具理性宰制下主体对世界的入侵，这启发我们在新时代满足人民的美好生活需要中要处理好主体与世界的关系。罗萨的共鸣概念揭示出美好生活的实现必须处理好主体与客观世界、社会世界和主观世界的关系，这与我们坚持的新发展理念有高度契合之处，绿色的新发展理念强调人与自然的和谐共生，协调和共享的新发展理念注重解决社会领域的公平正义问题，而我们同样大力倡导和谐社会，这些举措均在从社会层面上倡导人与自然、社会和自身的良性关系。

其二，罗萨批判资本主义社会将资源获取的多少视为美好生活的标准，启示我们要引领关于美好生活的正确价值观念。由于资本的增殖逻辑，资本主义社会不断开发人们的感性欲求，而人们也受到其支配，越来越把获得商品消费得到自我满足当作美好生活的标志。一方面，资本主义制度与社会主义制度并存和共同发展将是长期现象，因此，我们要引领广大人民群众抵御以消费主义等表现形式为载体的资

---

① 有关评价参见张岩、李彦:《"共鸣"何以超越"加速":罗萨批判性美好生活观的逻辑演进》,《浙江社会科学》2021 年第 10 期，第 87-95 页; 郑作彧:《化用的生活形式，还是共鸣的世界关系?》,《社会科学》2021 年第 3 期，第 53-67 页。

本主义美好生活观念的意识形态入侵。另一方面，罗萨指出了社会结构对个人意识的决定作用，人民的美好生活需要归根结底是在社会中形成的。因此，我们要发挥社会的引领作用，在新时代倡导一种关于美好生活的正确价值观念。关于美好生活的核心就是树立正确的劳动观念，在劳动中实现美好生活与幸福。[1]

其三，罗萨对美好生活现实困境的揭示，启发我们新时代应当走正确的发展道路。我国新时代的主要矛盾是人民的美好生活需要和不平衡不充分的发展，因此，人民的美好生活需要的实现归根要解决不平衡不充分的发展的问题，关键在于，要走一条怎样的发展道路。罗萨对当代资本主义社会美好生活现实困境的分析揭示出，资本主义的发展道路以资本的扩张为本，以加速为基本特征，这种以资本的自我增殖为核心的社会发展模式是无法实现美好生活的。党的十九大报告指出，我国经济已由高速增长阶段转向高质量发展阶段，正处在转变发展方式、优化经济结构、转换增长动力的攻关期。罗萨的分析启示我们社会主义国家一定要走以人为本的发展道路，我们要更好发挥政府在社会主义市场经济中的作用。

尽管如此，罗萨的美好生活理论并非尽善尽美，我们不能过于拔高它的价值，其美好生活理论有着较为明显的理论缺陷。

第一，罗萨美好生活理论的核心概念——共鸣不明确、不清晰。从表面上来看，罗萨确实给共鸣下了一个明确的定义：共鸣是一种主体与世界的关系，它通过刺→激与感→动、内在兴趣与自我效能感来形成，而主体和世界在共鸣中相互影响和转变。但是世界如何刺中激发主体、主体怎样感受并变动世界，主体遭遇世界的内在兴趣和自我效能感具体内涵是什么，主体与世界如何完成并实现怎样的改变，这些关键性要素，他均未能阐释清楚。诚然，在罗萨的定义中，共鸣的根本性质是不可控制性，因此，上述因素都无法得到言说，因为任何一种定义都是对事物的一种控制，因而是反共鸣的。鉴于这样的逻辑，共鸣事实上成了一个不可说的神秘的自在之物，人们只能确立这样一种信仰：每个人具有共鸣意向的能力，在共鸣被"赋予"（bestow）[2]的时刻能够感受它，并实现适应性的转变，我们坚信这种与世界

---

[1] 参见陈学明、毛勒堂：《美好生活的核心是劳动的幸福》，《上海师范大学学报（哲学社会科学版）》2018年第6期，第12—17页，第53页。

[2] 罗萨自己在这里也用了一个神学色彩浓厚的词，参见 Hartmut Rosa, *The Uncontrollability of the World*, Trans. James C. Wagner, Cambridge, UK: Polity Press, 2020, P.59.

的关系是成功的。因此，这样一种言之无物的共鸣在实际中非但不能成为一种突破性的力量，反而极易沦为对现实生活的妥协。也就是说，即使在最恶劣的异化环境中，主体仍然能与世界发生共鸣，就连罗萨自己都说："异化在不能被适应性改造的他者的持续存在意义上是共鸣可能性的构成条件，也是发展深度共鸣的先决条件，因为异化首先使发展自己的声音成为可能。"[1] 因此，共鸣与一切具体的现实条件都没有必然的关系，这也难免有学者将罗萨的共鸣概念与强调"无为"的道家思想相结合了[2]。

第二，罗萨的美好生活的实现路径具有非现实性。罗萨提出的以"后增长社会"替代"动态稳定社会"无疑是一种乌托邦的幻想。罗萨已经分析出"动态稳定"社会以增长、加速和创新的升级逻辑为基础，形成了一个不断自我再生产的过程，那么试图在社会内部动用经济和政治力量对此种"动态稳定"尝试突破的行为必然遭受到社会本身的拒斥。因此，建设经济民主形式、改进社会福利制度以及倡导朝向适应性的稳定种种举措必定无法通过"动态稳定"社会自身的物化组织形式，只能作为一种局部抗议的改良或者美好的愿景。罗萨本人或许也意识到了社会结构层面倡议的局限性，因此他把实现美好生活的路径希望放到了作为社会个体实践行动的共鸣上。在罗萨看来，资本主义社会的社会结构层面与个体文化层面是相互制约的，如果社会个体能够实现共鸣，那么个体对社会文化的反作用会使"动态稳定"的社会导向适应性的稳定。但是，从罗萨作为实践行动的共鸣来看，也不具备现实性。因为罗萨的共鸣概念坚决反对工具理性与同一性，因而彻底放弃工具理性和同一性的主体也放弃了自身之于世界的主体性。行动本意指有目的的活动，而如果要实现共鸣的行动本身意味着一种目的和计划，这破坏了共鸣的实现条件。在罗萨不可控制性的共鸣中，我们能做的只有满怀期待，等待共鸣降临的时刻，等待主体与世界走向美好的境地。

（张雨生，复旦大学）

---

① Hartmut Rosa, *Resonance: A Sociology of Our Relationship to the World*, Trans. James C. Wagner, Cambridge, UK: Polity Press, 2019, P.232.

② Paul J. D'Ambrosio, *The Good Life Today: A Collaborative Engagement between Daoism and Hartmut Rosa, Dao*, Volume 19, Issue 1, 2020.

范达娜·席瓦"生存视角"下的美好生活与经济发展

□ 徐依泓

生态女性主义（Ecofeminism）产生于 20 世纪 70 年代初期，是生态保护运动和妇女解放运动相结合的时代产物。随着当前全球性生态问题的加剧，生态女性主义也日益发展成为一支不可忽视的重要流派。印度的范达娜·席瓦（Vandana Shiva）是世界知名的生态活动家和第三代生态女性主义最重要的代表人物之一。作为来自第三世界的生态女性主义者，席瓦尤为关注发展中国家底层劳动妇女的生存困境并积极参与到由印度底层劳动妇女发起的生态保护运动和生存斗争实践当中，因而席瓦更加强调从满足生存必需的物质基础这一角度出发分析人与自然、人与人之间的关系。

一、范达娜·席瓦"生存视角"的形成及含义

从 1988 年出版的首部专著《活着：印度的女性、生态与生存》（*Staying Alive: Women, Ecology and Development*）到 2022 年出版的最新专著《农业生态学和再生农业：饥饿、贫困和气候变化的可持续解决方案》（*Agroecology and Regenerative Agriculture: Sustainable Solutions for Hunger, Poverty, and Climate Change*），"生存"（subsistence）构成了席瓦生态女性主义思想的出发点和落脚地。席瓦继承了甘地对

腐朽的资本主义社会的批判和对"简单的生活法则"[①]的追求，认为地球提供了足够的资源以满足所有人的需要，因而保障人类最基本的生存本应是也必然是世界上最容易的事，但如果要满足一些人的贪婪，那么地球所提供的资源则是远远不够的。[②]席瓦指出，为了人类整体的生存，我们应以可持续性而非扩张性作为衡量一个文明成功与否的标准。所以在席瓦的文章中，"生存"与"可持续发展"常以一对参互成文、合而见义的概念出现，意指地球上所有的人尤其是处在社会最底层的人们都能获得基本的生存必需品以维持人类的生产与再生产和地球的生态平衡，最终实现人与自然、人与人之间的和谐共生关系。

　　1993 年，在与德国马克思主义女性主义者玛丽亚·米斯（Maria Mies）合著的《生态女性主义》（Ecofeminism）一书中，席瓦正式提出了"生存视角"（the subsistence perspective）的概念。在席瓦看来，由于底层劳动妇女在日常生活中更容易受到生命的威胁，因此在面对有关生存还是灭亡的问题时，她们往往表现得比上层人士更加敏感与智慧，更容易发觉当前社会中存在的荒谬之处，即使它们被隐藏在发展、进步、科学等表象之后。[③]透过"生存视角"，席瓦以基本的生存必需品这一人类共同的物质基础为出发点，自觉地站在底层人民的基本立场上对生存危机的全球性蔓延做出了现实考量和深刻反思，并尝试探索出一条自下而上地推动社会变革的可行道路，为人类的生存方式提供一个替代性选择。在 2005 年出版的专著《地球民主：公正、和平与可持续性》（Earth Democracy: Justice, Sustainability and Peace）当中，席瓦基于"生存视角"对资本主义父权制系统（capitalist patriarchal system）当中的商品生产社会（commodity-producing societies）进行了强烈地批判并描绘了一种与当下人类生存方式完全不同的另类"美好生活"（good life）愿景：在保护生态环境、善待地球家园的前提下培育人类的全部生存潜力以发展能够普及所有人的自由与幸福。[④]席瓦旗帜鲜明地提出，当前人类生活的异化源自满足生存必需的物质生产领域的异化。因此，任何有关美好生活的讨论首先应当从资本主义父权制系统

---

① 郑湘萍：《范达娜·席瓦的生态女性主义思想研究》，北京：人民出版社 2000 年版，第 45 页。

② Vandana Shiva, *Tomorrow's Biodiversity*, London: Thames & Hudson, 2000, p.131.

③ Vandana Shiva, *Earth Democracy: Justice, Sustainability and Peace*, London: Zed Books, 2005, p.4.

④ Vandana Shiva, *Staying Alive: Women, Ecology and Survival in India*, London: Zed Books, 1988, p.8.

当中的经济活动开始。① 这一观点的提出不仅成为席瓦个人研究生涯中的一个重要里程碑，更为生态女性主义开创了新的研究范式。

二、"生存视角"下"赶超式发展"神话的破灭

"经济学"的英文"economics"源于希腊文"oikos"，意为"家庭"，是指生命被创造和养育的地方。席瓦指出，正是在研究维持家庭生活运作原则的过程中人类找到了生存之道。但今天，这种可持续的生存之道已然遭到了严重的破坏，取而代之的是人类对"赶超式发展"的狂热与迷思及其带来的恶果。

（一）"赶超式发展"的动力——现代科学的简化主义和自由市场的全球化

席瓦看到，今天几乎所有的国家都陷入到了一场没有止境的追逐游戏当中。不仅有些发展中国家将赶上甚至超越发达资本主义国家的经济发展水平作为最宏大的目标写入本国的战略和政策中，试图仿照发达资本主义国家的现代化发展模式以实现丰裕的资本主义商品生产社会，连发达资本主义国家自身也背负着维持和超越本国现有经济发展水平的沉重包袱，希望依赖过去的成功经验和积累的先发优势继续维持曾令前社会主义阵营也无比着迷的已经实现了的自由主义的乌托邦。席瓦表示，无论是发达资本主义国家还是发展中国家对"赶超式发展"神话的信奉都表露出一种简单化的、机械化的线性发展观。这种发展观首先源自西方文明对科学革命、工业革命的特殊投射与极力赞美。

现代科学不仅被普遍地看作是能够解答有关人类、地球乃至宇宙一切问题的价值中立的知识系统，还被视为推动生产力极大提高、促进物质极大丰富、加快商品自由流通并最终超越自然必然性、克服他物和他人的限制以实现人类解放的重要支撑。但席瓦通过对科学史的重新回顾指出，被誉为"解放者"的现代科学，既不是"纯粹"的，也不是"全能"的；它既不能从历史中凭空产生，也不能在社会中孤

---

① 郑湘萍：《从西方"父权式发展"到"生存必需"的另类发展——范达娜·席瓦的生态女性主义发展观研究》，《学术论坛》2013 年第 11 期，第 154-158 页。

立存在。① 现代科学作为资本主义父权制系统的产物并非是中性的，其作用就在于将包括自然和女性在内的一切事物暴力地切割成一块块可操纵的碎片，再以男性的意志重构世界，将具有多样可能性的人类发展过程简化为一场现代科学的机械实验。② 通过对自然与女性的生存经验及其在维持人类生产和再生产过程当中的全部生产力和创造力的否定和占取，由男性主导的现代科学宣称自己是推动整个人类社会进步的最重要力量并由此强化了这样一种简单假设：为了实现"自我"的自由和富足，必须超越和征服"他者"。③ 这种简化主义的倾向在"现代科学"的名义之下将物质欲望的满足和物质消费的升级作为人类天然的需要，把能够生产和消费更多商品的社会看作是美好生活的唯一形态和最终形态，从而使具有丰富内涵的美好生活被简化为单一的资本主义商品生产社会。这一洞察构成了席瓦对现代科学的基本批判，在她看来，现代科学的简化主义乃是毁灭之神的化身，以创造的幻觉掩盖了暴力的行径。④

　　为了把握资本主义商品生产社会的整体情况，现代科学还进一步创造出了国内生产总值（GDP）概念用以衡量某一经济体在一段时间内所生产的商品和提供的服务的市场价格的总和。席瓦在《地球民主：公正、和平与可持续性》一书中详细描述了这个概念如何被创造、如何被各个国家采纳并广泛地应用于经济决策的过程。19 世纪晚期，亚当·斯密（Adam Smlth）从交换价值的角度对生产性劳动和非生产性劳动的区分，为西蒙·史密斯·库兹涅茨（Simon Smith Kuznets）建立国民经济核算体系奠定了基础。在 20 世纪经济大萧条和第二次世界大战的推动下，约翰·梅纳德·凯恩斯（John Maynard Keynes）进一步确立了 GDP 之于政府干预经济的重要性，使 GDP 逐渐成为衡量一个国家或地区经济发展水平的最具概括性的宏观经济指标。然而，受到世界各国极端重视的 GDP 并非一种现实的存在，它建立在资本主义政治经济学所创造的"生产边界"（the production boundary）假设之上，根据"交换创造价值"的原理支配着生产与非生产、价值与非价值、劳动力与非劳动力之间的转化。因此，从根本性质上来看，GDP 乃是资本主义父权制系统的一种

① Vandana Shiva, *Earth Democracy: Justice, Sustainability and Peace*, London: Zed Books, 2005, p.44-45.
② Ibid., p.46.
③ Ibid., p.28.
④ Ibid., p.24.

规划工具，其功能就在于推动包括自然和女性在内的一切事物的商品化。根据 GDP 的市场核算原则，只有当资源被投入到用于市场交换的商品的生产中而不是用于自己消费的产品的生产中才能创造价值，为此人们一方面必须依靠科技进步提高生产力，另一方面则必须不断寻找和开辟新的市场扩大贸易。为最高效率地配置全球资源、最大限度地促进商品生产与交换、消费，自由市场的全球化被看作释放 GDP 乘数效应的最重要手段。秉持市场必胜信念的发达资本主义国家积极推动自由市场的全球化，发展中国家也满怀信心地向人民宣告，积极融入全球市场将帮助发展中国家与发达资本主义国家一道进入丰裕的资本主义商品生产社会，最终实现美好生活的普遍化和全球化。

（二）"赶超式发展"的恶果——"不良发展"

"赶超式发展"建立在科技进步、市场扩大将提供更多商品和服务以实现生产和消费不断升级、生活质量不断提高的信念基础上，但物质资源的极大丰富往往意味着生存资源的极大稀缺。在这场永无止境的"你追我赶"的游戏中，无论发达资本主义国家还是发展中国家现在都不得不面对"赶超式发展"所结下的恶果，席瓦称之为"不良发展"（maldevelopment），它突出地表现在以下两个方面。

其一，席瓦敏锐地观察到在"赶超式发展"这一委婉的表述中包裹着殖民主义的当代版本，其实质是资本主义父权制系统在世界殖民体系瓦解后为继续维持少数人的利益所推行的新一轮圈地运动。[①] 在《不列颠在印度统治的未来结果》中，马克思曾对被殖民的印度所蒙受的苦难与屈辱表达过深切的同情，但他又指出英国殖民者在印度完成了"破坏"与"建设"的双重使命："（他们）在印度所做的一切，既不会使人民群众得到解放，也不会根本改善他们的社会状况，因为这两者不仅决定于生产力的发展，还决定于生产力是否归人民所有。但是，有一点他们是一定能够做到的，这就是为这两者创造物质前提。"[②] 在今天，无论是资本主义国家还是社会主义国家几乎也都同意扩大物质生产比缩小物质生产好，仿佛前者必然能够满足更多人的生存需要，但在资本主义父权制系统的支配下，扩大物质生产或建成丰裕的

① Vandana Shiva, *Earth Democracy: Justice, Sustainability and Peace*, London: Zed Books, 2005, p56.

② 马克思、恩格斯：《马克思恩格斯选集》（第 1 卷），北京：人民出版社 1995 年版，第 771 页。

资本主义商品生产社会并不是一个增加基本的生存必需品的过程、一个从低级阶段向高级阶段的进化过程，而是一个破坏人类生存基础的过程、一个窃夺全球财富并企图将两极分化永久化的过程。[①] 席瓦认为，辩证看待殖民统治"破坏"与"建设"的双重使命，通常意味着人们相信"每一个'奴仆'（野蛮人）最终都会克服'主人'（黑格尔）从而达到更高的综合"[②]。但如果说发展中国家的上层人士基于这一辩证法对"赶超式发展"还存有一定的幻想，那么连生存都已经无法得到保障的底层人民已经清醒地看到，他们只是被历史忽视的牺牲者，"即使是他们的下一代也永远不可能成为历史进步的受益者（假如历史真的是进步的话）"[③]。由于发达资本主义国家必须永久地开发、占领和剥削殖民地，才能维持资本主义商品生产社会，因此"赶超式发展"不仅涉及特定形式的商品与财富的再生产和与之相关的贫困与剥削的再生产，还涉及通过自由市场全球化的多边陷阱将旧的殖民关系合法化和永久化。[④] 发达资本主义国家通过对市场价格和贸易规则的操纵，以"自由市场"之名行"强制贸易"之实，强行扰乱和破坏发展中国家本地的生产秩序和市场秩序，剥夺了当地人民对生产、交换和消费的控制权，迫使他们只能进入全球市场以更大的代价购买原本可以由自己生产的产品。除此之外，新独立的发展中国家通过对发达资本主义国家外部殖民的仿形制造了内部殖民，国家内部的经济活动也都呈现出一种殖民或类似殖民的剥削关系，这种内部殖民就成为殖民化进程的延续和资本主义父权制系统中不平等的财富创造计划的延伸。

其二，"赶超式发展"无法真实地展现个体的生存状态，它不仅造成了底层人民的生存危机，还对所有人的生存状态和生存感知构成了巨大威胁。现代社会确实为人们提供了琳琅满目的商品，但支撑资本主义商品生产社会的现代科学技术主要是由战争当中所使用的军事技术转化而来，其所创造的经济增长通常带有死亡和破坏的性质。第二次世界大战结束后，生产炸药等化学制品的工厂被改造成了农药厂，战争用的化学药物被制作成杀虫剂、除草剂并向全世界推广。作为席瓦的好

---

① Vandana Shiva, *Earth Democracy: Justice, Sustainability and Peace*, London: Zed Books, 2005, p.43.

② Vandana Shiva and Maria Mies, *Ecofeminism*, Nova Scotia: Fernwood Publications, 1993, p.151.

③ Ibid., p.74.

④ [印] 范达娜·席瓦:《失窃的收成》，唐均译，上海：上海人民出版社 2006 年版，第 27 页。

友，生态女性主义学者艾瑞尔·萨勒（Ariel Salleh）就曾在为《生态女性主义》写的序言中犀利地总结道，"发展"不过是将二战技术转化为农药或核能等有利可图的消费品的委婉说法[1]。一方面是资本主义商品生产社会中生产力的极大提高、商品的极大丰富和自由流通，而另一方面则是包括富人阶层和特权阶层在内的所有人都不得不面对清洁的空气、纯净的水、健康的食物、悠闲的时间和静谧的空间等生存资源的稀缺。被寄予美好期待的资本主义商品生产社会反而导致了越来越拥挤的城市、越来越多的贫困人口、越来越高的犯罪率、越来越大的成瘾风险（包括毒品成瘾、网络成瘾、消费成瘾等）以及越来越严重的生态危机，例如切尔诺贝利的核事故，温室效应的加剧，被化肥、杀虫剂、除草剂、工业废物等污染的土地、河流和空气等。除了生存的客观环境被破坏殆尽，生存的主观感知也受到了巨大的影响，"市场"的隐喻取代了"家庭"的隐喻，最大限度地改变了人与人之间的社会关系。过去，人们很容易在成员之间的相互依赖、相互合作的家庭中得到物质上和精神上的满足。但在资本主义自由市场当中，金钱成为衡量个人价值的唯一标准，而与金钱不相关的一切事物则毫无价值。马克思和恩格斯在《共产党宣言》中对此有过生动而深刻的描述："它使人和人之间除了赤裸裸的利害关系，除了冷酷无情的'现金交易'，就再也没有任何别的联系了。……它把人的尊严变成了交换价值，用一种没有良心的贸易自由代替了无数特许的和自力挣得的自由。……资产阶级撕下了罩在家庭关系上的温情脉脉的面纱，把这种关系变成了纯粹的金钱关系。"[2] 至此，人们从在家庭中的生存合作被抛入到在资本主义自由市场中的生存竞争。如果一个人不能比另一个人更多地参与到资本主义自由市场的竞争当中、不能比另一个人消费更多的商品与服务，那么这种生存方式就被定义为是贫穷的、落后的甚至是痛苦的、可耻的。"赶超式发展"不仅造成了人们生存资源上的稀缺，更造成了人们生存意义的缺失。

在席瓦看来，"赶超式发展"预期达到的资本主义商品生产社会是以资本为主导的生产逻辑取代了以生存为主导的生产逻辑，但如果连人类整体的生存都无法得到保证，那么把丰裕的资本主义商品生产社会当作美好生活的唯一形态和最终形态就是错误的。

---

[1] Vandana Shiva and Maria Mies, *Ecofeminism*, Nova Scotia: Fernwood Publications, 1993. p12.

[2] 马克思、恩格斯：《马克思恩格斯文集》（第 2 卷），北京：人民出版社 2009 年版，第 34 页。

二、"生存视角"下不可持续发展的经济结构

现代科学的简化主义和自由市场的全球化赋予了"赶超式发展"宗教般的神圣地位，使其看起来是人类历史发展过程中一个不可避免的项目，而之所以不可避免，仿佛仅仅是因为人类对资本主义商品生产社会或者说消费有着天然的渴望。但在席瓦看来，这种天然的渴望在很大程度上是为了维持资本主义商品生产社会自身的运转而被建构出来。当前的物质生产活动并不是简单地满足预先存在的需要，还延伸至欲望的塑造和转化。由于欲望是没有终点的也是最难评估的，因此把资本主义商品生产社会看作是美好生活的最终形态也仅仅意味着这种美好生活只是乌托邦式的幻想，这种幻想由当前在现代经济结构中占主导地位的经济体系运作和控制，而对这种幻想的狂热正在威胁着现代经济结构的可持续性和稳定性。

（一）现代经济结构中的三种经济体系

席瓦表示，在现代经济结构中占主导地位的经济体系拥有许多不同的名称，比如市场经济、全球化经济、公司全球化以及资本主义等，但这些名字都不承认这一经济体系只是在当今世界上起作用的三种经济体系中的一种。[①] 在《地球民主：公正、和平与可持续性》一书中，席瓦提出完整的现代经济结构应该包括三种经济体系：自然经济（nature's economy）、生存经济（sustenance economy）和市场经济（market economy）。只是随着资本主义自由市场的全球化被提升到社会的最高组织原则，自然经济和生存经济才变得不可见了。

自然经济通过复杂的生态网络实现生产和再生产，它的产品是包括清新的空气、肥沃的土地、苍郁的森林、奔腾的河流以及动植物和微生物在内的整个地球生命。自然经济以其丰富的且不断再生的产品构成了现代经济结构运行的重要基石。然而，目前自然经济当中大量的生产性工作及其产品尚未被纳入资本主义政治经济学的范畴之内，甚至在现代科学当中也没有被完全理解。尽管对自然资源的过度开发和对未被理解的生态过程的破坏，并不一定在当前的发展阶段内显现出来，但忽

---

① Vandana Shiva, *Earth Democracy: Justice, Sustainability and Peace*, London: Zed Books, 2005, p.127.

视自然生产过程的重要作用和地位将导致整个经济结构的崩溃。

生存经济的核心是它的生产逻辑，即生存。生存经济"建立在一个创造性的和有机的自然界、本地知识、维持自然界的完整的本地循环投入、基于本地需求的消费以及在公平、生态需要的市场盈余的基础之上"[1]，包括占人类三分之二的人口所从事的农业、手工业等自给自足的生产和再生产活动。劳动者通过合理地利用和管理森林、土地、水等自然资源，依靠自身的劳动对基本的生存必需品的生产拥有直接可获性。[2]在生存经济当中，人与自然、人与人之间的关系就是同为地球家族成员的共生关系，人类以满足自身生存需要为限度进行的生产和消费保持着生态系统和经济系统的均衡。

市场经济在资本主义父权制系统中主要指的是商品和服务的生产及销售完全由自由市场的价格机制所引导的经济体系。在席瓦看来，市场是交换的场所，这种类似的场所在原始社会当中就已经存在。具体的市场（Markets，或称集市）深深地嵌入在日常生活的具体空间当中，因而它是公开的、多样的、地方化的，在那里当地人民交换他们自己生产或直接需要的物品。而当集市被匿名的、单一的、全球化的自由市场（the Market）所取代，就意味着实体的空间被无形的过程所取代，真实的物品被抽象的资本取代，有限的需要被无限的欲望所取代，简言之，生存的逻辑被资本的逻辑所取代。资本主义自由市场完成了对资本积累过程的匿名化和神秘化，仿佛它是天然的事实并将继续存在下去，但事实是具体的集市始终存在，而抽象的市场到目前为止只涵盖了人类历史的一小部分。

今天，人们对资本主义市场经济的过度关注掩盖了自然经济和生存经济的重要性。为实现资本对利润最大化的追求，资本主义市场经济将自然资源从生存必需品的生产转移到满足无限欲望的商品的生产，必然造成对自然经济和生存经济的榨取和破坏。但是资本主义市场经济对资本主义商品生产社会的这种短期积极贡献完全不足以平衡破坏自然经济和生存经济对整个经济系统和生态系统造成的无形或延迟的损害。在资本主义市场经济的有限范围内，高效和生产性的经济活动在其他两种经济中是低效和破坏性的，因此经济增长本身也可以成为经济不发达、不稳定以及

---

[1] Vandana Shiva, *Staying Alive: Women, Ecology and Survival in India*, London: Zed Books, 1988, p.43.

[2] Ibid.

不可持续的根源。

（二）颠倒的经济金字塔

在不同经济体系占主导地位的经济结构当中，可持续发展理念本身也可能随着经济体系本身的运作产生不同的理解，因此席瓦认为必须从"生存视角"出发理解当前资本主义市场经济对人类生存方式的宰制，才能再度追问市场经济在当今社会中所应扮演的角色并重新规划市场经济在现代经济活动中的合理形式、合理位置与合理比重，从而实现真正的可持续发展。

在以自然经济和生存经济为主导的经济结构当中，可持续发展理念主要指的是自然和人类的可持续性。在这种可持续发展理念下，自然经济构成了稳定型经济金字塔的广阔基础。自然经济作为生存经济的母体，在支持生命和维持生计中有着不可或缺的重要作用。生存经济则在利用自然经济以维持人类生命的同时，也有助于自然资源的循环利用和更新。自然经济和生存经济共同构成了市场经济的基础。在这种结构当中，市场经济以不同群体之间共享资源、知识和思想等互动交流为主要目的，商品的生产与交换仅作为一种必要的补偿性机制展开。而在以市场经济为主导的经济结构当中，可持续发展理念仅仅意味着市场经济中利润增长的可持续性，其目标是确保原材料的供应、商品的流通、投资的回报和资本的积累，由于工业原材料和商品是可以被替代的，因此可持续发展转变为了原材料的可替代性，进而转变成自然的可转换性，即可转换为商品与利润。在此种异化的可持续发展理念下，自然经济和生存经济视为边际经济和次要经济，从而完全颠倒了原先的经济金字塔。在这个高度不稳定的经济金字塔当中，由资本驱动的市场经济占据了较大的顶部，中间是一个逐渐收缩的生存经济，最后自然经济缩减成一个微小的尖端，试图支撑起摇摇欲坠的系统。图1展示了一个以生存为目的的稳定型经济金字塔和以资本为目的的不稳定型经济金字塔。[①]

---

① Vandana Shiva and Maria Mies, *Ecofeminism*, Nova Scotia: Fernwood Publications, 1993, p.65.

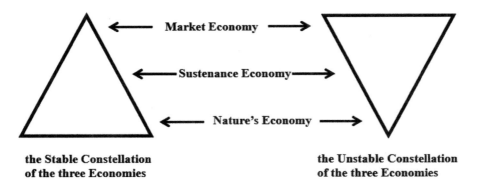

图 1　以生存为目的稳定型经济金字塔（左）、以资本为目的的不稳定型经济金字塔（右）

　　纵观历史，忽视自然经济和生存经济的社会在短暂的增长时期过后就彻底崩溃了。因此，面对日益加剧的全球性生存危机，人类的当务之急是把自然经济、生存经济和市场经济以合理的形式、合理的比例放置在合理的位置，将经济金字塔恢复到稳定状态。由印度底层劳动妇女发起的旨在保护自然和维持人类生存的印度抱树运动（the Chipko Movement）[1] 和反坝运动（the Tribal Anti-Dam Movement）[2] 等生态运动正是对一场威胁要摧毁所有人包括富人在内的全球战争的非暴力回应。新兴的生态运动代表了对可持续发展的经济结构进行根本性重组的初步尝试：恢复以生存为导向的本地的、具体的市场的活力，取消以利润为导向的全球性的、抽象的资本主义自由市场对人类生存方式的宰制。虽然这些运动规模很小，但它们还在不断增长，虽然它们仅发生在本地，但它们的成功正在于它们的非本地影响。印度底层劳动妇女只要求获得生存的权利，但正是这种最低限度的需要同公正、和平与可持续性的发展有关，同人与自然、人与人共生共荣的美好生活有关。

────────────────

[1] 20 世纪 60~70 年代，印度山区出现了大量森林工厂，当地男性以林产品为基础的商业活动利益与当地妇女以保护森林资源为基础的生计活动利益之间出现了新的矛盾，当地妇女团结在一起用身体抱住树木，以非暴力的方式表达抗议，最终阻止了政府和森林承包商对森林的过度砍伐和拍卖活动。

[2] 20 世纪 80~90 年代，印度向世界银行贷款 1.27 亿美元在比哈尔邦建设苏瓦尔纳雷卡大坝，主要用于为不断扩张的钢铁城市詹谢普尔提供工业用水，大坝的建设将破坏当地 8 个部落的生存基础，为此当地人民展开了积极的反对建设大型大坝的活动，并积极采取行动寻求解决印度干旱地区水资源和能源问题的替代方案以恢复生态和社会的平衡。

三、以生存经济为主导的"以人为本的经济系统"

针对以资本主义市场经济为主导的资本主义商品生产社会，席瓦提出了以生存经济为主导的"以人为本的经济系统"作为发展的替代性选择。通过对自然的多样性、自组织性和复杂性的模仿，"以人为本的经济系统"在保护生态系统和经济系统的完整性和可持续性的前提下公正地分享自然资源以确保每个人的生存需要都得到满足。这种经济系统由所有人共同创造并为所有人服务的，从而避免了"物的世界的增值同人的世界的贬值成正比"[①]的生存悖谬和"一个人支配另一个人"[②]的生存竞争，为美好生活的实现奠定了可持续的物质基础、生态基础和社会基础。

（一）从私有制到公有制是"以人为本的经济系统"的核心要义

英国的圈地运动曾被看作是人类的普遍进步，但这种进步的观点主要是从富人的角度而不是从穷人的角度出发，它关注的是少数人的财富而非多数人的存续，最终掩盖了少数人剥削多数人的真相。在席瓦看来，圈地运动推动土地从公有制向私有制的转变，是导致人民丧失对生产资料的所有权、对生产方式的控制权并使资本主义市场经济成为现代经济结构中占主导地位的经济体系的关键。[③]资本主义商品生产社会以私有制为基础，认为贪婪是人类的基本品质，自然状态是一场人人对抗所有人的战争，从而否认了公有的可能性和可持续性。[④]加勒特·哈丁（Garrett Hardin）曾以此建立了一个场景，在这个场景中每一个土地的使用者都面临着一个选择，这个选择将以一个较小的集体成本带来较大的个人收益——增加一头牛但是会对公地造成不良的影响。他认为，每个牧民都会为了自己的利益在公地上放养更多的牛，因而公地不可避免地会恶化。这就是哈丁的"公地悲剧"。但人性是在不同的生产方式和生活方式中被形塑的，如马克思所说，"环境的改变和人的活动的

---

① 马克思、恩格斯：《马克思恩格斯选集》（第 1 卷），北京：人民出版社 2012 年版，第 51 页。

② 马克思：《1844 年经济学哲学手稿》，北京：人民出版社 2000 年版，第 182 页。

③ Vandana Shiva, *Earth Democracy: Justice, Sustainability and Peace*, London: Zed Books, 2005, p.28.

④ Ibid., p.56.

一致，只能被看作是并合理地理解为变革的实践。"①哈丁并没有看到，公地的存在本身就意味着公有与合作的实现：决定播种什么作物，养多少头牛，哪些树可以被砍伐，哪些溪流将在什么时候灌溉哪些田地，等等，都将由所有社区成员共同协商来决定。根据公地的性质，任何人都不能被排除在生产资料之外，每个人都可以通过自己的劳动获得维持自身生存所需的产品。

在席瓦看来，公有是"以人为本的经济系统"的最高表达方式。②在一个以成员间的平等合作和满足生存必需的生产为基础的社会组织与一个以个体间的垄断竞争和追求物质欲望的生产为基础的社会组织之间，生产和交换的目的、内容和方式是完全不同的。在前者基础上，社会将形成尊重人人都有维持自身生存的基本权利的氛围并以普遍接受的规范和价值观为基础实现对联合起来的生产资料的共同使用和共同管理并以生存为导向进行合理的生产与消费。在这里，生产资料人人所有是根本，共同占有和共同使用之所以可能也是因为每个人都是生产资料的所有者，因此它既区别于资本主义国家的私有制，也不同于前社会主义国家的国家所有制或集体所有制。各个劳动者借助于自己所有的生产资料，通过自己的劳动创造自己的产品并据此享有自己的劳动成果。而只有当资本主义市场经济的不断扩张占用了自给自足的生存经济所需的自然资源，劳动者才会丧失对生产资料和生产方式的控制权进而沦落到只能依靠出卖自己的劳动力维持生存的地步，最终在雇佣工作中不得不依附于他人。

（二）从消费者到生产者是"以人为本的经济系统"的重要表征

在以私有制为基础的资本主义商品生产社会当中，劳动者和生产资料、产品的分离使人被分为互不相干的生产者和消费者。当一个人作为生产者时，他所生产的产品不是为了自己消费而是希望通过匿名化的、神秘化的抽象市场将其转化为货币。③由于生产者将自己的产品仅仅视为潜在的货币，只为了自己（获利＝交换价

---

① 马克思、恩格斯：《马克思恩格斯选集》（第 1 卷），北京：人民出版社 2012 年版，第 55 页。

② Vandana Shiva, *Earth Democracy: Justice, Sustainability and Peace*, London: Zed Books, 2005, p.9.

③ Vandana Shiva and Maria Mies, *Ecofeminism*, Nova Scotia: Fernwood Publications, 1993, p.299.

值）而不是为他人（需要＝使用价值）生产，所以"生产蛋糕还是导弹对他们来说没有任何差别"①。而当他作为消费者时，他也仅仅希望能够用较少的货币买到较多较好的商品和服务，所以这些东西究竟是由谁生产的、如何生产、生产的过程是否正义或环保也不在消费者关心的范围之内。正是由于异己的中介即货币存在于人与人之间，不论是作为生产者，还是作为消费者，他人仅仅是满足自身需要的工具或手段，所以人与人的关系完全异化为物与物的关系。在物与物的关系中，"人们只是把他们所享受的关系（如果有的话）想象成真实的生活、真实的自然、真实的女人、真实的自由的隐喻。"②尽管此时人们对自由、幸福的渴望都是真实的，但占有他人的产品只能以一种象征性的、浪漫化的实现形式提供虚假的满足感。

席瓦认为，"以人为本的经济系统"不仅仅指的是其生产的产品是满足人类生存必需的，而且首要的是生产活动本身是能够体现人的生存潜力和创造力的。正如马克思所说，"他们是什么样的，这同他们的生产是一致的——既和他们生产什么一致，又和他们怎样生产一致。"③人类在生产劳动中的自觉性、丰富性和创造性程度应成为美好生活最显性的指标。因此，席瓦倡导开展"消费者解放运动"（consumer liberation movement）以彻底改变人们的存在方式，强调人们在经济活动中扮演的最重要角色并非是消费者而是生产者，从消费者向生产者的转变应当被真正地理解为一种解放，而不是被视为一种剥夺或苦行。当人人都成为生产者并为满足生存需要生产时，"由人并为了人创造出来的对象"④与人的本质和需要将是完全一致的，在这种一致性当中人对物的享用才真正变成了"人的一种自我享受"⑤。人们在自己的生产、创造以及享用自己的劳动成果中找到现实的满足和快乐，才能彻底消除生产与消费之间的分离和矛盾，才能化解经济的、生态的、伦理的和精神的危机。

---

① Vandana Shiva and Maria Mies, *Ecofeminism*, Nova Scotia: Fernwood Publications, 1993, p.300.

② Ibid., p.143.

③ 马克思、恩格斯：《马克思恩格斯选集》（第 1 卷），北京：人民出版社 2012 年版，第 163 页。

④ 马克思：《1844 年经济学哲学手稿》，北京：人民出版社 2000 年版，第 86 页。

⑤ 同上书，第 85 页。

（三）从全球化到地方化是"以人为本的经济系统"的先行条件

为了实现劳动者与生产资料相结合、化解生产与消费的时空矛盾，减少自然资源和长途运输的浪费，席瓦认为人类的野心必须从全球收缩至地方，使生产地方化。实际上早在"地理大发现"以前，世界各区域间的商贸联系以及农业、手工业等方面的技术互通已经存在，整个世界已经隐然地连接为一体。正是资本主义父权制系统对这种真正的、自发的自由贸易的控制欲望才引发了近代以来具有破坏性的全球化进程。如今的全球化仅仅意味着资本在全球范围内掠夺资源和市场，它对地球和人类造成的后果远比人为划定的国界要严重得多。[1] 这种看似强大的全球化实际上相当脆弱且难以形成自我修正的机制，只要全球产业链中的一个小链条断裂，就会导致全球系统的崩溃。而地方化使每个人、每一个家庭、每一个社区都成为它自己的经济中心，公平地确立起每个人对生产资料的所有权、对生产方式的控制权和对劳动产品的占有权。同时，地方化确保了生产和消费过程中的社会成本、生态成本内化，而不是像当前的发达资本主义国家在全球化的名义下向发展中国家转嫁经济危机和生态危机，进一步加剧全球发展的不平衡和不公正。以分散化、多样化、小规模为特征的地方经济深深地嵌入到人们的日常生活当中，能够积极响应来自当地自然的生态反馈和人们的社会反馈，充分利用地方的组织资源和社区网络，实现在时间与空间上生产和消费的合二为一，产品生产和商品生产的合二为一。席瓦强调，地方化正在成为不受限制的全球化的解毒剂，未来更将在保护自然资源、满足生存需要、提高效率以及维持可持续发展等方面取得最令人震惊、最具创造性、最高效的和最公平的成就。[2]

同时，席瓦也指出地方化并不意味着与全球化相脱离，而是意味着相互依赖的自觉，凭借草根的力量走出一条从个人到社区到区域到国家再到全球的以内生为主的发展路径 [3]，也只有在这样强有力的地方经济基础上，才能生长出强有力的全球经济并确立起真实的、广泛的、平等合作的全球性关系。过去的全球化将生活定义为

---

① Vandana Shiva, *Earth Democracy: Justice, Sustainability* and Peace, London: Zed Books, 2005, p.40.

② Ibid., p.84-85.

③ Ibid., p.112.

商业，将世界定义为商品，从而将人类对全球化的想象限制在世界市场和全球贸易上，但地方化将塑造一种新型的全球化意识：虽然我们扎根于当地，但我们也与整个世界相连，实际上也与整个宇宙相连。作为地球家族中的一员，我们必须将个人的幸福重新嵌入到与我们的生存直接相连的土地、社区以至整个地球当中。[①] 这种新型的全球化意识将积极推动"以同情、关怀和团结为基础的生态活动，而不是资本和金融的流动或不必要的商品和服务的流动。"[②]

四、对范达娜·席瓦"生存视角"下的发展观的批判性审视

席瓦在《生态女性主义》一书中总结"生存视角"的主要特征时指出，"生存视角"并不仅仅是对具有侵略性的、剥削性的和生态破坏性的现代性的理论批判，而且是对资本主义商品生产社会和以增长为导向的资本主义或社会主义经济体系的实践批判。[③] 席瓦基于"生存视角"对违背可持续发展原则的"赶超式发展"和现代经济结构的批判以及对以生存经济为主导的"以人为本的经济系统"的思考，为我们理解作为美好生活基础的物质生产活动提供了一个新的角度。在席瓦看来，只有将以生存为主导的生产逻辑置于以资本为主导的生产逻辑之上，使以资本主义市场经济为主导的资本主义商品生产社会向以生存经济为主导的"以人为本的经济结构"的转变，才能在人人占有生产资料、人人都是生产劳动者、人人直接占有基本的生活必需品以及维持生态均衡的条件下实现人类的可持续发展和普遍的自由与幸福。这集中体现了席瓦基于"生存视角"对全球性发展问题的清醒认识和深刻反思。但席瓦拒绝将资本主义商品生产社会视为建立社会主义社会的"助产士"[④]，甚至拒绝吸取和占有资本主义文明已有的积极成果，主张通过减少人的欲望，恢复自给自足的自然经济和生存经济并缩小市场经济的占比，这又使其发展观落入了卢梭式的浪漫主义的虚妄。

---

① Vandana Shiva, *Earth Democracy: Justice, Sustainability* and Peace, London: Zed Books, 2005, p.112.

② Ibid., p.12.

③ Vandana Shiva and Maria Mies, *Ecofeminism*, Nova Scotia: Fernwood Publications, 1993, p.318.

④ Ibid., p.318.

首先，席瓦把生存看作是生活和存在的最终目的，忽视了人自由发展的需要。席瓦曾在印度的多个小邦中开展生存实验，但这些实验暴露出来的弱点之一便是，要想在资本主义父权制系统的支配下实现现代经济结构从市场经济为主导向以生存经济为主导的转型，仍旧依赖于人类或是自觉地或是被迫地对资本主义商品生产社会进行抵制。它不仅意味着人们将要对抗的是整个资本主义父权制系统的生产方式和消费方式，还意味着对人的个性的抽象的否定，"对整个文化和文明的世界的抽象的否定"，向贫穷的、需求不高的人的"非自然的简单状态的倒退"。[1] 这也解释了为什么席瓦的实验仅能在很小的范围内展开，这些地方往往是尚未受过资本主义影响的一小片净土，或是受到过资本主义严重剥削并对资本主义持彻底否定态度的被殖民地。

其次，席瓦试图在经济全球化的时代通过生产的本地化促进当地人民的联合来取消资本主义商品生产社会、恢复实行原始共产主义制度的公社，这恰恰是马克思所批判的一种非历史的看待发展的方式。从历史的发展来看，所有这些原始的公社最后"都在包围着它们的、同时又是在它们内部产生并且逐渐控制它们的商品生产以及各户之间和各人之间交换的影响下，随着时间的推移愈来愈丧失共产主义的性质，而变成一些互不依赖的土地占有者的公社"[2]。因此，地方化的小生产并不能自发地形成并维持社会化程度较高的公有制形式。尽管席瓦看到了公有制是"以人为本的经济系统"的最高表达形式，却没有看到真正能够满足所有人生存需要的公有制的实现是资本主义生产力和生产方式高度发展的结果。正如恩格斯在为《俄国的社会问题》写的跋中指出那样："发生在商品生产和私人交换出现以前的一切形式的氏族公社同未来的社会主义社会只有一个共同点，就是一定的东西即生产资料由一定的集团公共所有和共同使用。但是单单这一个共同特性并不会使较低的社会形态能够从自己本身产生出未来的社会主义社会，后者是资本主义社会本身的最后产物。"[3]

最后，席瓦指出，从理论上来说，如果国家能够收回全球市场的决策并实行有利于生存经济的政策措施以回馈个人和地方对生存需要的期待，那么"以人为本的经济系统"是能够得以重建的。但事实恰恰是世界各国仿佛都患上了"商品生产社

---

① 马克思：《1844年经济学哲学手稿》，北京：人民出版社2000年版，第79-80页。
② 马克思、恩格斯：《马克思恩格斯全集》（第22卷），北京：人民出版社1965年版，第500页。
③ 同上书，第502页。

会的精神分裂症"（the schizophrenia of commodity-producing societies）[1]，即使确知生存危机已经来临，但仍然采取瓦解生存经济、培植资本主义市场经济的政策。因为将追求丰裕的商品生产社会等同于追求美好生活的简化等式已经成为了支配人类当前日常生活的最高目标和真正的意识形态霸权。席瓦承认，目前没有政党敢质疑这个精神分裂的等式，因为维护这一等式是维持资本主义父权制系统并获得政治统治合法性的关键。面对这一僵局，席瓦自身也仍缺乏具体的、清晰的策略去进一步回应有关如何消除"商品生产社会的精神分裂症"、如何摆脱和抵抗资本主义父权制系统下的意识形态霸权、如何在几乎被破坏殆尽的生态环境的基础上重建生存经济等问题。

　　总的来说，除了沿着生态女性主义的路线继续批判和抗拒资本主义父权制的暴力压迫，进一步摘除资本主义商品生产社会为人类戴上的眼罩，席瓦基于"生存视角"对人类所面临的生存危机予以提示，并承担起构建新的生存意义、经济主张与发展目标的使命，以对最初看起来不甚可能的、另类的美好生活的想象挑战资本主义商品生产社会的强势地位，帮助人们进一步认识到加快推动发展观念转变、物质生产领域变革、现代经济结构深刻转型的重要意义。但由于缺乏对资本主义商品生产社会的客观认识和公允评价，席瓦对美好生活与经济发展的关系的认识仍没有超出浪漫主义的局限。因此，在以资本为主导的生产逻辑仍旧在世界上占有主导地位之时，站在历史唯物主义的角度，给予资本主义商品生产社会客观的评判，正确把握马克思关于资本主义社会必然灭亡的前提条件就依然具有不可背离的当代性意义。"无论哪一个社会形态，在它所能容纳的全部生产力发挥出来以前，是决不会灭亡的；而新的更高的生产关系，在它的物质存在条件在旧社会的胎胞里成熟以前，是决不会出现的。"[2] 在这种最现实的从而也是最彻底的发展观和方法论面前，任何浪漫主义的方案也只是仍停留于虚空之中的乌托邦。

（徐依泓，复旦大学）

---

① Vandana Shiva and Maria Mies, *Ecofeminism*, Nova Scotia: Fernwood Publications, 1993, p.298-299。

② 马克思、恩格斯:《马克思恩格斯选集》（第 2 卷），北京：人民出版社 2012 年版，第 3 页。

美好生活的实现路径

美好生活的数字化转型：
逻辑依据与实现路径

□ 张　怡

　　自从党的十九大重新概括我国社会发展的基本矛盾以来，学术界在美好生活的理论研究上做了大量的探索工作。学者们从物质基础、精神层面、自然与社会媒介以及法与制度保证等方面进行了深入研讨，取得了不少的学术成果。近期比较典型的学术思路是沿着经济、政治、文化、社会和生态五个维度（刘友田、陈玉斌，2020①；刘歆、胡鑫、苏百义，2022②），对美好生活的内涵与实现路径进行深入的理论挖掘。尽管上述研究的进路与成果的价值是无可非议的，但是这些研究进程与成果都体现了一个共同点，就是对当下现实（real reality）进行美好生活的理性概括，而没有将其拓展到虚拟空间中来考察。当代社会发展的重要趋势是数字化转型，这种转型必然对美好生活带来人类学意义上深刻变化，并最终将影响人类主体对美好生活的直接预判。

---

① 刘友田、陈玉斌：《美好生活的内在逻辑、科学内涵与路径选择》，《观察与思考》2019 年第 10 期，第 26-35 页。
② 刘歆、胡鑫、苏百义：《新时代美好生活的基本内涵、生成逻辑及 实践路径》，《重庆邮电大学学报（社会科学版）》2022 年第 34 卷第 1 期，第 16-24 页。

一、美好生活的概念辨析

从分析哲学的角度考虑，美好生活不仅仅是一种客观的事实判断，而且也是一种主观的价值判断，甚至可以说是对未来现象的价值预判。在我国的传统文化的语境中，管仲的"仓廪实而知礼节，衣食足而知荣辱"就是对美好生活的事实判断。在西方的话语体系里，第欧根尼（Diogenēs）的"酒桶精神"也许是典型的对美好生活的主观的价值判断。但是，不管是事实判断还是主观的价值判断，任何基于当下生活所作出的"美好的"判断时，总是无法涵盖人类心目中的理想情境。如果主体当下的判断无法涵盖理想的情境，那么一定意味着当下的社会生活总是蕴含着某种不足。

从人的社会心理层面分析，当下生活的某种完美程度一定会引发幸福感。王俊秀等人通过词频联想，发现美好生活与幸福等 10 个词汇的词频联想最高。通过聚类与因素等统计分析，幸福列为首位，也就是说美好生活在实然层面一定与幸福感相关。① 因此，美好生活的第一个概念要义是主体对某种物质生活条件的满足，并由此带来的幸福感。

物质生活条件的满足与幸福感只是美好生活的必要条件，并不充分。第欧根尼的"酒桶精神"虽然是一种西式的阿 Q 精神，并不值得去推崇，但是，"酒桶精神"却蕴含着美好生活在精神层面得到满足。王俊秀等人通过词频联想得到的第二位词频是快乐，也就是说美好生活在实然层面与快乐感有关。因此，美好生活的第二个概念要义是主体对某种精神生活的满足，并由此带来的快乐感。

但是，幸福感与快乐感都是对当下生活情境的反映，与美好生活应然层面的理想情境有差距。张三元教授认为："在总体上，满意或幸福是人们对现实生活的一种感受与评价，而美好则是对未来的一种愿望，美好生活是一种在美好的价值引导下，人们通过自主活动追求的一种理想生活状态。"② 所以，美好生活的内涵并不是

---

① 王俊秀、刘晓柳、谭旭运、苗瑞凯：《人民美好生活需要：内涵、体验与获得感》，《红旗文稿》2019 年第 16 期。

② 张三元：《论美好生活的价值逻辑与实践指引》，《马克思主义研究》2018 年第 5 期，第 83-92 页，第 169 页。

简单地指向当下的社会生活，在应然层面包含着对未来生活憧憬的价值预判。这样，美好生活的第三个概念要义是主体对某种未来生活的向往，或者是价值预判。

综上所述，美好生活的三个概念要义里包含了两个主体部分：一部分是在实然层面对当下生活的直接体验，其中包含了直接的体验过程与主观感觉；另一部分是在应然层面基于现实而对未来生活状态的向往，其中包含了物质与精神上的憧憬与价值上的预判。正是基于对美好生活概念的这样理解，当下社会的美好生活一方面可以从经济、政治、文化、社会和生态角度去理解，另一方面必须从可预见的未来发展状态中去理解。如果从后者去理解，那么必须深刻地把握社会整体的发展趋向。自经济全球化现象以来，人类社会面临的最深刻的变化也许就是数字化了。2021年，我国颁布了经济与社会发展的中长期蓝图，其中专门列出了"加快数字化发展 建设数字中国"的篇章，并且指出："迎接数字时代，激活数据要素潜能，推进网络强国建设，加快建设数字经济、数字社会、数字政府，以数字化转型整体驱动生产方式、生活方式和治理方式变革。"[①] 正是基于对数字化发展的愿景以及当下的社会的数字化转型，可以认为目前社会的美好生活应由两部分构成，一部分传统的物质与精神层面的追求与满足，另一部分是美好生活的数字化转型。

二、数字化转型的逻辑依据

美好生活的数字化转型是指通过利用现代信息技术和通信手段，变革主体的生活过程和体验感。它的核心流程是将主体的生活置于算法与算力之下，在基于互联网条件下的 XR（extended reality）环境中进行工作、学习与休闲。从现代社会数字化转型的进程来看，数字生产力的崛起、分布式数字身份的构建、劳动分工的超专业化、赛博文化的流行以及道德与法的代码化，这些与数字化息息相关的"社会事实"的展开，构成了美好生活数字化转型的逻辑依据。

马克思认为，人类社会的第一个历史活动"就是生产满足这些需要的资料，即生产物质生活本身"[②]。这是人作为一种"自然存在物"的必要前提。社会生产力的发展程度是美好生活的物质前提，一定时期美好生活的内容指向与体验感总是与生

---

① 参见《中华人民共和国国民经济和社会发展第十四个五年规划和2035年远景目标纲要》。
② 马克思、恩格斯:《马克思恩格斯文集》(第1卷)，北京：人民出版社2009年版，第531页。

动的社会生产力密切相关。当代社会的一个重要现象是生产力的内容发生了深刻变化，数字生产力在社会生产力中的比重逐渐增加。2022 年 7 月 29 日，全球数字经济大会在北京国家会议中心举行。中国信息通信研究院发布了《全球数字经济白皮书（2022 年）》，其中数字经济的发展基本数据令人咋舌。至 2021 年，中国信息通信研究院统计的全球 47 个国家数字经济增加值规模为 38.1 万亿美元，同比名义增长 15.6%，占 GDP 比重为 45.0%。规模上，美国数字经济达到 15.3 万亿美元。中国位居第二，为 7.1 万亿美元，同比增长 31%。在占比上，德国、英国、美国数字经济占 GDP 比重位列前三位，均超过 65%，我国约 40%。这还是一个受新冠肺炎疫情影响的数据，它预示着社会数字生产力的大力发展。[1] 数字生产力是以数据为基础，算法为手段，算力为核心的社会产品的生产能力。如果更加宽泛一点，就如何玉长教授所理解的"是通过数字技术融合其他生产要素，创造满足社会需要的物质产品和精神产品，带动国民经济增长的能力"[2]。数字生产力的提高为美好生活提供了大量的数字产品以及体验手段，从而改变了人们工作、学习与休闲的物理环境与虚拟环境，强化了美好生活的体验感。所以，数字生产力的发展为美好生活的数字化转型奠定了物的逻辑依据。

每一次社会生产力发展的重大变革都会带来主体性的历史重建，数字生产力的崛起也不例外。当人们去体验数字化生存、去追寻数字化的美好生活时，如何在数字化世界中表征自我是一大难题。日本学者涩谷和彦（Kazuhiko Shibuya）在身份认同的数字化转型研究上很有建树。他认为，当以数字化方式去表征人类身份时，一个重要问题就是如何理解和处理"生物学意义上的生命缺失"现象。[3] 这里事实上存在着两个相互关联的问题，第一个是主体与主体性分离后带来的自我身份认同问题，也就是卢西亚诺·弗洛里迪（Luciano Floridi）所讲的"提修斯船的悖论"[4]。第二个是身份互信问题，也就是彼得·施泰纳（Peter Steiner）漫画上所说的"在互联

---

[1] 数据来源于 2022 年 7 月全球数字经济大会（北京），中国信通院院长余晓晖对《全球数字经济白皮书（2022 年）》的解读。

[2] 何玉长、王伟：《数字生产力的性质与应用》，《学术月刊》2021 年第 53 卷第 7 期，第 55-66 页。

[3] Kazuhiko Shibuya, Digital Transformation of Identity in the Age of Artificial Intelligence. (Springer, 2020), p.31.

[4] [英] 卢西亚诺·弗洛里迪：《第四次革命——人工智能如何重塑人类现实》，王文革译，杭州：浙江人民出版社 2016 年版，第 74 页。

网上，没人知道你是一条狗"。XR 技术的出现，形成了生物性的身体和化身身体可以重叠结合的形式，这种全新的自我展示至少让人们看到了问题解决的希望。如果生物性的身体和化身身体叠加在一起的主体形式可以成为现实主体的全权代理，可以代表主体与数字化环境中的现象或者他人的虚拟代理发生相互作用，那么重建的主体性在一定的程度上可以"冲破肉体的牢笼"。为了实现可信交互，Web2.0 时代的实践中是用中心化的身份账户来处理的。但是，主体数字化表征的中心化方案无法完全解决网络上的身份互信问题，甚至面临美好生活理念中保护隐私的挑战。于是，基于区块链技术的分布式数字身份油然而生。分布式数字身份是一种以协议层方式重构互联网底层信任的基础设施，它为主体性的虚拟性重建提供一个去中心化的，并且富含个性化的技术方案。由于分布式数字身份是用基于属性的访问授权来取代基于角色的访问授权，因而无须再去担心生物性的身体和化身身体叠加在一起的主体身份认同问题。正因为分布式数字身份可以让主体性在两个平行的生活世界中重建，所以它构成了美好生活的数字化转型在主体性发展上的逻辑依据。

虽然人作为"社会存在物"，其主体性的存在以及良好的社会互动是美好生活考量的重要因素。但是在实践逻辑上，社会劳动才是美好生活最重要的行为的价值指向。现代社会当主体性出现数字化转型时，劳动以及劳动关系的内涵至少在外延上产生了许多新的变异。2018 年，信息系统协会（AIS）俄罗斯分会在乌拉尔联邦大学召开了第一届 DSEME（Digitalization of Society，Economics，Management and Education）国际学术会议，俄国学者叶戈尔·斯沃佐夫（Egor Skvortsov）介绍了他对农业数字化转型带来的劳动关系变化所做的实证研究。他认为，由于物联网、大数据、人工智能和机器人化的引入，农业中的劳动关系出现了重要变化。虽然数字化转型的力度还不够大，转型也不够充分，但是它的优势却逐渐体现出现出来。实证分析表明，数字化转型在"就业灵活性""劳动力流动性"以及"提高农业就业人员的生活水平"等方面得到明显支持。[①]俄国的另一位学者鲍里斯·科内丘克（Boris Korneychuk）在 2018 年第三届 DTGS（Digital Transformation and Global Society）国际会议上就数字化转型对劳动价值论的影响做了理论层面的分析。他

---

① Egor Skvortsov, "The Development of Labour Relations in the Digital Transformation of Agriculture", in *Digital Transformation and New Challenges*, Evgeny Zaramenskikh, Alena Fedorova ed. (Springer, 2020), p.83–90.

认为，区块链社会条件下，传统的劳动价值理论可能让位于创造性的劳动价值理论。而创造性的劳动价值理论需要引入新的价值计量单位，他给出的答案是"将多方面的人文维度纳入新的价值体系里"。多元价值概念"意味着多种价值度量，即不同货币的同时流通"，而不是社会热门的单一比特币。①新的价值计量体系与传统劳动价值理论的不同在于这种劳动价值体系必须得到信任系统的支撑。尽管上述两位学者都是从某一个角度探讨数字化转型对劳动问题的影响，但同时都指向了一个核心问题，数字化转型必然在经验层面对人类生活产生影响。前者直言生活水平程度，后者阐述社会生活的信任系统。事实上，经济社会的去中心现象，的确会让社会的劳动生产形式产生很大的变化，美好生活的基石从体验到价值实现都会因数字化而产生新的属性。比如在互联网条件下，因超链接的存在，使得个体的具体劳动能够让他人方便地跨界切入进来，从而共同完成。这种劳动形式在一定程度让传统紧密的雇佣与被雇佣劳动关系被解构，至少紧密的雇佣与被雇佣劳动关系在数字化条件下并不是必然的生产要素。迈克尔·尼尔森（Michael Nielsen）所讲的"微专长"在数字化条件下也可以得到有效的放大，有利于创造性合作行为的发生。②只要有恰当的支付手段，超专业劳动分工可以扮演重要的生产角色。只要合理地引入区块链技术，创造性劳动价值将得到信任系统的有效支撑，劳动价值论有了新的表现形态。所以，劳动形态的变化与信任系统的构建成为美好生活数字化转型的重要条件，可以说它是美好生活的数字化转型在实践层面的逻辑展开。

美好生活的转型总是与文化变迁息息相关。人作为一种"精神存在物"，必然对文化生活充满着迫切需要。然而，文化生活总是富含历史性。法国著名学者让·鲍德里亚（Jean Baudrillard）在20世纪就敏锐地预感二元代码将滋生一种新的文化生活形态。他认为在符号化生产条件下，仿真用符号抹杀了物的直接意蕴，商品通过代码化的相似和相异可以进行社会化的符号交换。这种符号交换的核心就在于："从最小的选言单位（问／答粒子）到那些管理着经济、政治、世界同存共处的巨大轮

---

① Boris Korneychuk, "The Political Economy of the Blockchain Society", in *Digital Transformation and Global Society*, Daniel A. Alexandrov, Alexander V. Boukhanovsky, Andrei V. Chugunov, Yury Kabanov, Olessia Koltsova eds. (Springer, 2018), p. 317-328.
② [澳大利亚]迈克尔·尼尔森:《重塑发现：网络化科学的新时代》，祁澍文、石雨晴译，北京：电子工业出版社2015年版，第33页。

换系统的宏观层面，母型都没有变化：永远是 0/1，永远是二元律格的划分，它以目前系统的亚稳定或动态平衡的形式表现出来。"① 进入互联网时代，让·鲍德里亚所讲这种社会生活形态在赛博空间中得到验证。美国电子前沿基金会创始人之一约翰·佩里·巴洛（John Perry Barlow），也是赛博自由主义的倡导者在《赛博空间的独立宣言》中振臂呼唤："工业世界的政府，你们这些令人厌倦的肉体和钢铁巨人……我宣布，我们正在建立的全球社会空间，自然地独立于你们谋求加在我们身上的暴政。你既没有道德的权利，也没有那些让我们有理由感到害怕的强制的方式来统治我们。"② 尽管这个独立宣言充斥着无政府主义思潮的色彩，但却是那个时代人们对社会生活进行数字化转型的一种理性呐喊，是赛博文化开始流行的标志。今天，"那些与赛博空间共同发展起来的实践习惯、态度、思维方式和价值观等物质的和智力的技术集"③，已经成为美好生活的重要组成部分。在文化发展的层面上，赛博文化强调用二元符号来表征我们的生活世界，许多物质现象被映射为数字化形态，比如数字城市、数字城镇、数字社区，甚至是数字地球。赛博文化倡导以互联与移动为手段的社会交往方式，人们借助计算机语言可以超越尤里根·哈贝马斯（Jürgen Habermas）基于自然语言符号系统的交往行为方式。Facebook、微信等社交网络成为现代社会人文主义运动的象征。赛博文化提倡以代码为机制的社会行为规范，平等和自由在新的技术手段支撑下成为现实。赛博文化推崇非线性和相关性为特色的思维方式，迈克尔·海姆（Michael Heim）的文字本体论转移和维克托迈尔·舍恩伯格（Viktor Mayer-Schönberger）大数据所引发的思维方式变革成为数字化时代思考问题的重要选项。可见，赛博文化的产生是美好生活数字化转型的文化因素，可以说这种转型是文化变迁的逻辑必然。

1996 年，美国两位媒体理论家感觉理查德·巴布鲁克（Richard Barbrook）和安迪·卡梅伦（Andy Cameron）在 *Science as Culture* 杂志上发表了一篇经广泛讨论过的文章，名为《加利福尼亚意识形态》。文章的核心思想是随着硅谷的崛起，技术和信息共享的进步将彻底改变旧的权力系统，信息技术将"赋予个人权力，增

---

① [法] 让·鲍德里亚：《象征交换与死亡》，车槿山译，江苏：译林出版社 2009 年版，第 89-90 页。
② John Perry Barlow, *A Declaration of the Independence of Cyberspace*.
③ Pierre Lévy, *Cyberculture*, Trans. Robet Bononno, University of Minnesota Press, 2001, p.XVI.

强个人自由，并从根本上减少国家的权力。现行的社会、政治和法律结构将会萎缩，取而代之的是自主性个体与软件之间不受约束的互动"①。加利福尼亚意识形态虽然具有某种种族主义的倾向并引发了很大的争论，但是它确为赛博自由主义（cyberlibertarianism）运动奠定了理论基础。赛博自由主义的基本观点是认为以互联网为代表的新技术本质上是人性的解放，互联网导致个体分散而不再依赖于权力集中的政府，个人应该有追求在线的爱好和兴趣的自由。然而，以互联网为代表的赛博空间是否真的就是权力真空地带？社会的种种规制是否真的对它毫无作用？就在同时，美国 MIT 建筑学教授威廉米歇尔（William J. Mitchell）敏锐地提出："在电子前沿，代码就是法律。"②米歇尔的论证非常直观，因为主体通过电脑参与的任何社会生活都是由程序来控制的，而程序的背后就是代码。美国法学教授乔尔·芮登博格（Joel R. Reidenberg）在信息法学的研究中也提出了同样的观点，在信息社会中参与信息活动的任何人其默认的基本规则就是按照代码行事。芮登博格第一次从法理上明确地提出："代码就是法律。"③受前面两位学者的影响，美国著名的互联网法学家劳伦斯·莱斯格（Lawrence Lessig）对代码规制做了法理上的阐述。他说："代码，或软件，或架构，或协议，设置了这些特性；这些特性是代码作者的选择，其通过使一些行为可行与否来约束另一些行为。代码蕴涵了某些价值，或者说，其使另外一些价值难以实现。在此意义上，代码就如同现实空间的架构，也是一种规制。"④而弗洛里迪则从信息伦理学角度提出了四条原理。⑤从加利福尼亚意识形态到代码就是法律，再到信息伦理，整个社会营造了开放与共享的社会生活理念，并且将开放与共享提升到社会最高"公意"层面上，成为特殊的意识形态。事实上以开放与共享为核心的道德与法的代码化有着扎实的社会生活基础。我国改革开放以来，走共同富裕的道路是基本国策，而共同富裕的前提之一就是社会成员必须最大

---

① Richard Barbrook and Andy Cameron, "The Californian Ideology", *Science as Culture,* Vol.6, No.1, 1996: p.44–72.

② William J. Mitchell, *City of Bits, Space, Place, and the Infobahn*, MIT Press, 1996, p.111.

③ Joel R. Reidenberg, "Lex Informatica: The Formulation of Information Policy Rules Through Technology", *Texas Law Review,* Vol. 76, No. 3, (1998): 553.

④ [美]劳伦斯·莱斯格：《代码 2.0：网络空间中的法律》，李旭、沈伟伟译，北京：清华大学出版社 2009 年版，第 140 页。

⑤ [英]卢西亚诺·弗洛里迪：《信息伦理学》，薛平译，江苏：译文出版社 2018 年版，第 101 页。

程度地共享改革开放的成果，而且要充分地体现在数字化转型中。在世界文化层面，作为人类最大资源的知识、数据的开放与共享也是人类社会的共同呼声。21 世纪初，《柏林宣言》的出现标志着知识和数据的开放与共享成为社会最重要的行为规范。道德与法的代码化对美好生活的数字化转型非常重要，它从制度和意识形态上保证转型的有效性，可以说它是美好生活的数字化转型在规制层面的逻辑展开。

三、数字化转型的实践路径

美好生活的数字化转型是现代社会生活发展的一个重要趋势。中科院科技战略咨询研究院的学者对我国当前社会服务的数字转型提出了四条路径建议："构建社会服务数字转型发展技术创新体系"；"推进创新驱动数字赋能政府服务流程再造"；"推动创新驱动数字赋能公共服务转型发展"；"营造数字赋能社会服务转型政策法律环境"。[①] 四条建议虽然非常吻合我国现代政府的语境，但是相对来讲比较宏观。美好生活的数字化转型是一条技术性非常强的操作路径，我们可以把它分为社会和个体两个部分。从社会层面看，数字化转型的实践路径主要是通过营造虚拟环境，搭建数字化生活平台（部分内容应该是四条建议）。目前比较可行的方案是构建美好生活的镜像世界，并通过镜像世界向更加宽广无垠的赛博空间发展。从个体层面看，通过 XR 手段来延展、嵌入和具身数字化生活，让化身（avatars）"动起来"。

生活世界的数字化孪生或者说营造美好生活的数字化生态是构造生活镜像世界的技术路径，它与社会生活仿真密切相关但又有本质上的区别。让·鲍德里亚（Jean Baudrillard）曾经对当代社会生活中的仿真现象做了最为透彻的评价，他认为仿真是"用模型生成一种没有本源或实在的真实：超真实"[②]。超真实的本质就是："接触的，感官拟态的、触觉神秘主义的全部想象，说到底是整个生态学被移入这个操作仿真的世界。"[③] 让·鲍德里亚研究社会生活仿真现象的本意是想阐述他对技术持悲观主义的哲学立场。但是，他对社会生活中仿真现象的刻画却是淋漓尽致，比

---

① 穆荣平、蔺洁、池康伟、王婷：《创新驱动社会服务数字转型发展的趋势、国内外实践与建议》，《中国科学院院刊》2022 年第 9 期，第 1259-1268 页。

② Jean Baudrillard, *Simulacra and Simulation*, The University of Michigan Press, 1994, p3.

③ [法]让·鲍德里亚：《象征交换与死亡》，车槿山译，江苏：译林出版社 2009 年，第 93 页。

如关于现代社会发生战争的描绘。他认为西方世界对海湾战争的仿真渲染，让他们赢得了这场战争的正义性和主动权。从这个意义上来说海湾战争并没有发生，它只是现代战争的一种虚拟场景。[①] 让·鲍德里亚意义上的仿真生活模式只是以离线的方式模拟物理的生活世界，缺乏现实生活中的实时性和保真度，人们只能在想象中而不能在互动中体验生活，而美好生活的数字化孪生却不一样。

尽管数字化孪生的生活未必都是美好生活，但是美好生活一定有数字化孪生的构成要素，因为它能克服仿真或者模拟没有实时性和保真度的这些缺点。我国工信部电子技术标准化研究院在 2020 年发布了《数字孪生应用白皮书》，其中提出："数字孪生是具有数据连接的特定物理实体或过程的数字化表达，该数据连接可以保证物理状态和虚拟状态之间的同速率收敛，并提供物理实体或流程过程的整个生命周期的集成视图，有助于优化整体性能。"数字化孪生的想法最初源于美国耶鲁大学教授大卫·杰勒恩特（David Gelernter）所提出的镜像世界，用来表达"真实世界的软件模型"。在杰勒恩特看来，"镜像世界就像是某种体制运行，逼真的生活镜像图景限制在计算机中"，于是"一个全新的对等物诞生了"。[②] 但是，杰勒恩特只是在现象层次上进行了描述，并没有在生活世界的意义上阐述它是什么。2002 年迈克尔·格里夫斯（Michael Grieves）在密歇根大学为 PLM（产品生命周期管理）中心成立而发表演讲时，首次提出了 PLM 概念的镜像模型，并将镜像世界引入工业界。2010 年，美国宇航局的约翰·维克斯（John Vickers）引入"数字孪生体"概念后，格里夫斯就将镜像模型改称为数字化孪生。因为格里夫斯只是针对产品生命周期管理而言，所以，微软公司认为数字化孪生是工业元宇宙的底层设施。但是，数字化孪生并不是仅仅在工业有应用，当它架构在互联网上，人们的社会生活，从工作、学习到休闲都将发生很大的变化。2021 年年底，百度 Create 大会（AI 开发者大会）上，《连线》杂志创始主编、互联网思想家凯文·凯利（Kevin Kelly）在主论坛中就提出：未来 20 年，人类进入镜像世界。"现在，我们处于网络的第三代。最终我们将实现剩余万物的数字化，包括所有的空间、建筑、物品和整个世界。"[③]

---

① Jean Baudrillard, *The Gulf War did not Take Place,* Yale: Indiana University Press, 1995.
② David Gelernter, *Mirror Worlds: or the Day Software Puts the Universe in a Shoebox… How It Will Happen and What It Will Mean,* Oxford University Press, 1992, p.3.
③ 凯文·凯利：20 年后人类或将开启"镜像世界"。

　　镜像世界的构造对美好生活的数字化转型有着重大的社会转型的路径价值。第一，它将成为下一代美好生活的数字化平台。互联网的产生，形成了人类历史上最重要的虚拟化平台，但是互联网产生的是基于二元代码的赛博空间，其丰富的社会内容仍然需要人类主体来建构。镜像世界就是未来可预见的数字化3D内容平台。理论上，人类创造的任何物理现象和一些简单的自然现象都能在镜像世界中找到对应物。如果不去考虑镜像世界的基础设施，那么它所具有的"数据互动""模型构建"与"仿真分析"为美好生活的数字化转型提供最优质的数字化平台。第二，营造与物理空间对应的生态环境，提供美好生活的数字化转型的虚拟空间。米歇尔在阐述代码就是法律时就是针对比特之城（City of Bits）而言的。那时比特之城的理念带有一定的乌托邦色彩，而现在数字孪生城市已是事实。从技术上讲，数字孪生城市通过对物理世界的人、物、事件等所有要素数字化，在赛博空间中再造一个与之对应的"镜像世界"，形成物理维度上的实体世界和信息维度上的数字世界同生共存、虚实交融的格局。数字孪生城市的出现可以为数字化转型后的虚拟主体提供合理的数字化居住空间。目前，印度安得拉邦新州首府阿马拉瓦蒂（Amaravati），被认为是第一个拥有数字孪生的城市。我国雄安新城的建设，每一部分也都有数字化的蓝本，建成后同样会具有数字孪生城市属性。第三，改善现实中美好生活的动态布局与公共领域的优化处理。数字化孪生的最大优点在于实现产品生命周期管理，它可以使公共服务领域更加合理地运行，使社会更加赋予人性化。我国在公共领域推行的"互联网+"行动方案，实际上就是通过数字化平台改善人民群众在公共领域的体验感。"互联网+"政务、"互联网+"医疗健康、"互联网+"养老、"互联网+"人社以及"互联网+"教育（教育信息化）已经初步形成我国美好生活数字化转型的社会生活模式。

　　虽然美好生活的数字化平台是数字化转型路径的必需环节，数字化也在悄悄地改变人类的生活，但是从实践环节来讲这些变化总是需要落实到人的社会行为的转型上。传统工业社会里，物的产品生产虽然解构了神的启示性生活方式，主体性在机械性中得到张扬。但是，在物欲横流的时代，主体性仍然被禁锢在力学之中，美好生活被劳动所异化。而赛博文化流行的原始理念中，就是强调与其我们主体无法完全破解物理的桎梏，不如让身份认同在赛博空间中流动。让身份认同在赛博空间中流动就是对传统行为方式的理性背叛，从早期全球电子链接（well）到第二人生（second life），再到现代技术探索的元宇宙（metaverse），人类社会就是在探索这种理性背叛的现实路径。菲利普·罗斯代尔（Philip Rosedale）开发的第二人生，曾是美国一款非常受欢迎的网络生活软件。2007 年注册人数曾经达到 500 万人，每天活跃人数也达百万。但是，2008 年开始，曾经繁盛的另类人生开始慢慢凋零。原因非常多，但是一个最为关注的因素就是没有现实社会镜像支撑的虚拟生活，其体验感太差。同时，第二人生操作的知识成本高，限制了许多人的进入。从现在科技界和学术界热衷的元宇宙研究来看，数字化转型的实践路径必须让个体的美好生活体验建立在虚实交融的体系上，并且个体的生活体验行为沿着延展、嵌入和具身方向发展。

延展性体验是通过 XR 系统体验生活的一种方式。VR 曾经是人类体验虚拟世界的主要方式，但是 VR 的频宽因技术问题而受到一定的制约。AR 是通过添加与真实环境相关的数字信息（视觉、听觉和触觉等信息）来丰富对环境的体验感。当我们把 VR 与 AR 叠加起来那么就会产生虚实交融的体验感，从而改善虚拟环境下人们生活的体验感。美国著名认知科学家安迪·克拉克（Andy Clark）曾经说过："当我们面对某项任务时，世界的一部分作为一个过程发挥了作用，而这个过程以往是在大脑中完成的，我们就会毫不犹豫地承认它是认知过程的一部分，那么这个世界的一部分就是认知过程的一部分。认知过程并不是头脑中的全部。"[1]虽然，克拉克是针对延展性认知而言的，但是同样适用于数字化的生活。在美好生活的数字化转型中，只要个体体验是基于虚实交融环境，那么主体生活的体验过程就必须是主体内外一起完成。也就是说延展性的生活体验是指主体体验与外部世界的行为一起构成了一个整体的体验过程，从而形成与传统工业社会不同的生活体验方式。

嵌入性体验是指社会生活的体验过程或体验过程一部分被置于体外环境中的体验方式。它与延展性体验不同的地方在于将生活体验直接交付体外环境，并通过体外环境的反馈信息来感受体验结果。在美好生活的数字化转型中，嵌入性体验也是不可或缺的。其原因一方面在于社会正处于万物互联的深刻转型之中；另一方面主体的体验感总是存在着一定的阈域值。从现代社会的发展看，在形形色色的传感技术和网络技术的作用下，赛博空间和物理空间的界线正在消解，一个全面透彻的感

---

① Andy Clark and David Chalmers, "The extended mind", *Analysis*, Vol.58, No.1, 1998, p.7—19.

知、宽带泛在的互联社会正在形成。人们期望在任何场景下都能保持正常的社会交往联系，而不是仅仅依赖于哈贝马斯的语言交往合理性，那么通过传感器进行嵌入性体验就是必然的选择。从个体体验能力发展来看，物联网增强了基于生物性的方式构建环境的能力，比如交互记忆系统、视觉识别系统、声音识别系统，等等，这些相对独立的智能环境有效地拓展了个体体验能力。但是前提是将人类主体的某种体验功能直接交付于特定的智能体，让智能体嵌入社会环境中来代替人类进行体验。所以，当代社会基于智能传感器的物联网，有望改变我们与外部环境互动的本质，从而大大地削弱基于主体感觉器官进行体验的依赖性，美好生活的体验边界得到有效放大。

具身性体验强调社会生活的体验过程对身体状态和大脑的特殊通道系统的依赖性，它是数字化场景中最为重要的体验方式。Meta 公司的 CEO 扎克伯格（Mark Zuckerberg）在阐述下一代互联网时讲："下一个平台将更具沉浸感——一个让你体验的具身互联网，而不仅仅是看看它。"[1] 人们在这样一个数字化平台上，就会感觉你和别人在一起或在另一个地方工作、学习和娱乐。但是，在虚实交叠环境下如何真正地感觉到你与别人在一起，有一种生活意义上的共存感（copresence）还是一个非常复杂的技术问题和社会问题。牛津大学互联网学院的著名学者拉尔夫·斯罗德（Ralph Schroeder）讲："当 VE 中有多个用户时，重点是'共存'体验或其他用户的体验，而不是在另一个地方或空间的体验。"[2] 也就是说虚拟环境中的社会生活实际上就是要解决与别人的共存问题。但是，共存体验是一个具身行为。在 Web20 的互联网模式下，我们已经感到符号的间接性与符号的文化蕴含会带来的体验偏差，符号间的社会性互动也会带来真实感的误判。比如，前一个问题，也就是互动界面上的符号认同的确可以创造出一种"与别人在一起"的"真实"感，也可以暗示某种特定的内容。但是，这种真实感必须依赖于事先的约定，没有约定就会产生歧义。即使有约定，在不同的语境下也会产生不同的理解。后一个问题是因为符号间的间接性互动与现实生活中的直接互动存在差异，交互主体间性在有界面与无界面之间毕竟不一样。这些问题的解决一定程度上依赖于多样性的虚拟主体、合理的环境保

① Mark Zuckerberg, *Founder's Letter*, 2021.
② Ralph Schroeder, *Being There Together: Social Interaction in Virtual Environments*, Oxford University Press, 2011, p.9.

真度以及具身互动时产生的感知觉，其中将物理世界中的面对面的行为直接移植到虚拟世界里，从而让主体间性从符号现象转化为具身行为最为关键。所以，美好生活的数字化转型在个体实践的路径上一定与互联网平台上的具身行为有关。

尽管当代美好生活的数字化转型只能算是"小荷才露尖尖角"，但是它引发的理论问题却是广泛而深刻。本体论层面，美好生活的数字化转型所带来的生活世界是真实的吗？答案是否真的可以如当代著名哲学家大卫·查尔默斯（David J. Chalmers）所说："因为其背后的构成是数字客体，所以是真实的。"[1] 在认识论层面，基于数字化转型的美好生活体验感与现实生活世界一样吗？毕竟这种体验在某种程度上包含了庄子的蝴蝶梦效应或柏拉图的洞穴效应，幸福和快乐的心灵感觉在生物学意义上的生命缺失条件下是否成立的确值得好好研究。在价值论层面，当代码契约代替传统的社会契约条件下，代码是否真的就能够成为道德和法在规制层面上的意识形态准则？区块链技术就真的能够带领社会走出"提修斯船的悖论"的主体性困境？总之，只要美好生活的数字化转型是客观的，那么美好生活的理论研究就不能仅仅停留在现实层面的考察上。

（张怡，东华大学）

---

[1] David J.Chalmers, *Reality+: Virtual Worlds and the Problems of Philosophy*, Penguin, 2022.

数字经济时代美好生活的内涵、实现逻辑和价值意蕴[*]

□ 邬瑞钰

一、数字经济时代美好生活的内涵

近年来，大数据、云计算和人工智能等新兴技术的崛起为数字经济发展提供重要支撑，数字化产业随处可见，数字经济成了引领社会发展的新增长点。数字经济的蓬勃发展为生活质量的提高带来了新机遇，人民群众对美好生活的向往也站在了新的历史起点，人们对美好生活的需要同社会生产力的发展而变迁，这是由其本质所规定的。数字经济时代的美好生活植根于中国特色社会主义的伟大实践之中，并衍生出与这一时代境遇相匹配的更加多元的需求体系，本文拟从经济、政治、文化、社会和生态这五个维度对美好生活的全新意涵进行探究。

（一）美好生活是财富丰厚的生活

数字经济时代的美好生活绝不是从虚拟社会中建立而成的"空中楼阁"，它仍然是以现实社会为依托，离开现实社会的供养，数字经济时代的发展就会失去坚实

---

* 基金项目：国家社科基金一般项目"列宁文化领导权思想及其当代价值研究"（项目编号：21BKS009）；上海市哲学社会科学项目"习近平总书记关于长三角一体化科技创新的重要论述研究"（项目编号：2020BKS008）。

的基础。马克思认为："物质生活的这样或那样的形式，每次都取决于已经发达的需求，而这些需求的产生，也像它们的满足一样，本身是一个历史过程。"① 数字经济作为传统经济的革新和发展，与实体经济的深度融合推动生产组织方式以及商品流通过程朝着智能化方向不断演进，在创造社会财富方面更是卓有成效，呼应了人们在美好生活中对物质财富的多方面需要。"富裕"意味着发展本身，实现共同富裕要求以高度发达的生产力为前提和基础。② 数字经济的增长与共同富裕的实现在逻辑上有着高度一致性，因为数字经济的发展并不是社会财富的数字化或虚拟化，作为一种新的经济增长点，它能够通过生产方式的革新来极大地提升社会生产力，提高财富的分配和使用效率，来确保劳动者共享劳动成果和公共服务。例如，由于不同区域发展不均衡而造成的公共基础设施供给不足作为迈向共同富裕道路上的重要障碍，这就需要数字经济发挥其科技优势来缩小"数字鸿沟"，依靠云计算、大数据和物联网等技术建立好各地互联、高速畅通的信息公路，加快统筹不同区域之间的协调发展，以此消除贫困，实现共同富裕。由此可见，数字经济作为推动高质量发展的新动能，不仅创造了丰富的社会财富，极大满足了人们在物质层面的需求，让人们生活得更加殷实；而且深度契合共享发展理念，让大数据更好地为经济社会发展服务，积极推进共同富裕，不断增强群众的获得感和幸福感，真正满足人民群众对美好生活的向往。

（二）美好生活是公正自由的生活

人作为一种超越性的存在，对正义和自由的追求是社会发展的不竭动力之一。习近平总书记在谈到民主建设时，总是"把公平正义同人民群众最关心、最直接、最现实的利益问题联系在一起，凸显出公平正义与人民美好生活需要的内在一致性"③。数字经济时代的美好生活自然也涵盖了公正自由的理想愿景。但是公正自由的社会生活绝非等来的，而是奋斗出来的，在中国共产党的正确指引下，数字科技成为营造公正法治氛围、维护人民主体地位平等的重要支撑。究其根源，一方面来

---

① 马克思、恩格斯：《马克思恩格斯文集》（第 1 卷），北京：人民出版社 2009 年版，第 575 页。
② 周泽红、郭劲廷：《数字经济发展促进共同富裕的理路探析》，《上海经济研究》2022 年第 6 期，第 5—16 页。
③ 张三元：《论美好生活的正义之光》，《观察与思考》2021 年第 3 期，第 11—22 页。

源于坚持发展中国特色社会主义民主政治，将智能化全面地、扎实地运用于民主政治实践之中，构建公开透明的数字政府，为发展全过程人民民主和数字协商民主拓宽了实践向度，保障人民当家作主；另一方面来源于数字经济的发展提升了人们的收入水平，让人民民主拥有了强大的物质保障。公平正义的生活仅仅依赖于上层建筑的顶层设计是后继乏力的，必须依靠坚实的经济基础才能行稳致远。再者，自由自觉的活动以平等为前提和基础，人民群众能够被公平对待是社会应有之义，也是创造美好生活的政治诉求与重要源泉。数字经济时代的美好生活切实维护了大众的平等权益，传统产业的数字化转型拓展了就业空间，优化了就业结构，赋予了人们更多平等就业的新机遇。民主监督的数字化改革为监督执纪执法插上科技翅膀，加快了信息技术与纪检监察工作的深度融合，充分保障了大众的知情、表达和监督的权利，营造了公正自由的生活环境，满足了人民群众当家作主的基本诉求。

（三）美好生活是文化融合的生活

文化是民族的血脉与灵魂，是人类赖以生存的精神家园，源远流长的中华优秀传统文化深刻影响着每一个中国人的精神世界。新时代的美好生活不是虚无缥缈的愿景，而是人民群众在现实生活中所获得的幸福感，不仅需要丰厚的物质基础，强大的精神力量也是必不可少的。随着社会的发展，大众对文化的体验需求日益多元化，尤其体现在追求传统文化与现代科技相融合这一方面。方兴未艾的数字经济，不断兴起的"云看展""云旅游"和"云集市"等文旅新形态增强了人们精神世界的新鲜感、体验感及互动性，提升了文化获得感，可见，数字科技在丰富人民精神文化生活层面崭露头角，满足了人民对美好生活的新期待。习近平总书记强调："广大文艺工作者要坚持以人民为中心的创作导向，创作更多满足人民文化需求和增强人民精神力量的优秀作品。"[1] 中国共产党把文化创新同人民愿望紧密结合起来，把满足大众精神层面的追求作为文化创新的出发点和落脚点，以时代精神激活中华优秀传统文化的生命力。数字经济的发展催生了文化发展新态势，传统文化与人工智能的深度融合，文化创意与市场经济的密切结合，不仅推动广大人民群众积极投身文化创新，而且让越来越多的人共享创新成果。传统文化与现代科技的融合，顺应

---

① 习近平:《增强文化自觉坚定文化自信，展示中国文艺新气象，铸就中华文化新辉煌》，新华社 2021年 12 月 15 日。

了数字经济时代的发展潮流，既是加强文化建设的关键，又契合了人民群众对美好生活向往的现实需求；既丰富大众精神文化生活，又增强大众精神力量。

（四）美好生活是普惠全民的生活

马克思认为，劳动者在资本主义社会中仅仅被当作劳动力使用，不仅人的尊严和价值无法谈起，就连工人的"最后一件衬衫"都要被资本家无情地榨取，工人与资本家实现共享发展无异于天方夜谭。但是，人民群众作为美好生活的创造者，理应是美好生活的共享者。党的十九大报告指出："增进民生福祉是发展的根本目的。做民生工作，首先要有为民情怀。"① 身处数字经济时代，每一幕生产生活场景都与数字科技息息相关，其中孕育着巨大的发展潜能，为满足人民对美好生活日益丰富的需求提供了有力支撑。数字经济的发展将催生新的商业模式，改变传统的就业结构，数字化产业具有包容性高和灵活性强的特征，为民众提供了更广泛的就业机会和更丰富的就业形态，例如电子商务的出现带动了类似于外卖骑手、在线教师和购物主播这样的数字化新职业的发展，一方面解决了就业难问题，另一方面提振了消费需求，以更充分、更高质量就业为构建美好生活蓄势助力。作为数字经济时代生活场景的顶层设计，美好生活覆盖了民生保障事业的全领域，绘就一幅"青出于蓝而胜于蓝"的宏伟蓝图，甚至超越了全面小康的发展目标。数字经济的发展将赋予美好生活以全新的样态，数字医疗、数字教育、数字金融及数字治理等服务深度融入民生体系，发挥普惠优势，助力提升民生服务质量和数量，有效提升大众生活品质。增进民生福祉不仅是社会发展的根本目的，更是实现人民美好生活的社会基础和重要保障。在智能科技赋能美好生活之际，更多的数字红利将惠及全体人民，不断满足人民群众多层次多样化的需求，引领人们在逐梦新征程上奔向幸福之路。

（五）美好生活是绿色智慧的生活

在马克思的生态视野中，人与自然是生命共同体，倡导人们要尊重自然，合理、平衡、有序地调节人与自然之间的索取和需要的物质变换。然而，由于资本逻辑产生的负面效应，原本和谐美丽的生态系统被破坏得不堪入目，生态危机也变为

---

① 习近平：《决胜全面建成小康社会夺取新时代中国特色社会主义伟大胜利——在中国共产党第十九次全国代表大会上的报告》，新华网 2017 年 10 月 18 日。

当代实现美好生活的主要障碍。我国始终秉承"天人合一"的生态思想，新发展理念也一直强调人类文明的可持续性，美好生活不能一味依靠经济增长，还需依托美丽的生态，人与自然的和谐统一才是人民实现美好生活的必要前提。在数字经济时代，绿色智慧的生活已成为人民更高层次的追求，在美好生活整体概念中有着不可或缺的地位。数字化与绿色化协同发展是满足人民对美好生活向往的内在需求，数字化为绿色发展赋能，绿色化为数字经济提供可持续发展的动力。具体而言，在工业领域聚焦"双碳"目标，通过科技创新推动新能源发展，优化产业结构，并借助物联网、区块链和算法等技术明晰能源供给与需求，以实时监测和精确计算来提高资源配置效率，减少能源交易过程中的无效损耗，以绿色低碳产业推动可持续发展。同时，互联网的公开透明有助于构建公平公正和高效有序的碳排放权交易市场，有效规避了"黑市交易"行为。在农业领域采用高科技人工智能设备，以低化肥农药、节水防虫以及减少人力的发展态势实现农业资源配置与利用的智能化和绿色化，夯实绿色农业高质量发展的基础，进一步凸显智慧农业助力乡村振兴的科技优势。今日我们置身于数字经济变革浪潮之中，以数字技术赋能新时代美好生活已成为全党全社会的共识，只有更好地满足人民群众对可持续发展的殷切憧憬，才能够让人们在"绿水青山"中实现美好生活的全新跨越。

二、数字经济时代创造美好生活的实现逻辑

对美好生活的向往是人类一直以来的理想价值追求，尽管在不同时期对美好生活的理解有所不同，但人们憧憬美好生活的初衷却从未改变。随着数字经济浪潮的涌入，人民群众对美好生活的需要日益广泛，从客观物质需求到主观精神满足、从现实社会到虚拟社会，无不展现出人们对高质量生活的追求，这就需要发挥数字经济优势，坚持劳动是创造美好生活的源泉，挖掘数字劳动潜能，提升为人民服务的水平，打造美好生活新面貌。

（一）数字劳动创造美好生活的理论依据

马克思从历史唯物主义出发，指出劳动是人自我存在的本质确证，是人类社会发展和进步的最基础性的实践活动，他认为劳动是一切历史的基本条件，在书中写

道："历史破天荒第一次被安置在它的真正基础之上……人们必须首先吃、喝、住、穿，就是说首先必须劳动，然后才能争取统治，从事政治、宗教和哲学，等等。"①可见，劳动不仅是维持生存的手段，还是一种创造性的实践，更是实现人民美好生活的基石，人能够在劳动中体会到生命的价值和意义。一切事物都是变化发展的，劳动形态也随社会进步而更新迭代。着眼于数字化浪潮，数字劳动作为时代创新的产物，在新的社会历史条件下创造出新的价值。那么究竟何为数字劳动？基于福克斯的数字劳动理论，我们可以认为数字劳动是网络用户以大数据为生产资料，借助互联网平台，充分利用数字媒介和信息技术，在网络空间进行的生产性和非生产性的劳动，主要包括互联网专业劳动、无酬数字劳动和受众玩乐劳动三种形式。数字劳动一方面丰富和发展了马克思主义劳动理论和政治经济学理论；另一方面在现实社会中为新时代劳动注入新科技元素，推进数字经济持续增长，不断满足人们日益增长的美好生活需要。

相较于传统劳动，数字劳动在劳动形式、劳动条件和劳动价值等方面对于创造美好生活都更具优势，能够实现人的自由而全面的发展。就劳动形式和劳动条件来说，数字劳动通常在虚拟的网络社会进行，不拘泥于时空的约束，这就使得劳动者能够跨越空间的障碍，在有限的时间里发挥无限的才能。马克思主义认为，时间是空间的本质，在某一程度上它实际上是人的积极存在，不仅作为人的生命尺度的延伸，而且是人的发展空间的拓展。劳动作为人的基本生存方式与人相伴而生，是创造美好生活的重要源泉，自由而灵活的数字劳动能让人们随时随地进行工作，其创造出来的价值不仅满足了人们的基本生存需求，更为劳动者提供了发挥自身潜能、实现全面发展的巨大空间。这样，人们才能够在更大程度上享受劳动带来的幸福，以积极劳动的态度去创造美好生活，享受劳动的乐趣。

（二）数字劳动创造美好生活的现实路径

其一，增强自我本领，融入数字社会。实现美好生活涉及为谁实现、谁来实现的问题，因此必须弄清楚美好生活的主体问题。习近平指出："人民对美好生活的

---

① 马克思、恩格斯：《马克思恩格斯全集》（第 25 卷），北京：人民出版社 2001 年版，第 136 页。

向往，就是我们党始终不渝的奋斗目标"①"幸福都是奋斗出来的"②，直接明了地回答了该问题，深刻阐释了人民群众是创造美好生活的主体。要想实现美好生活就离不开努力奋斗，在数字经济时代则更需要人们积极发挥伟大创造精神，主动融入数字社会，弘扬劳动精神，用数字劳动来创造美好生活。具体而言，人们应当接受新思想新观念，以积极态度面对数字生活，潜心学习数字技能本领，提升自我数字工作能力，做有智慧、有技术的新型劳动者。此外，创新作为数字经济发展的重要推动力，人们在劳动中应勇于探索、锐意进取，凭借实践能力在平台空间发挥创造性，在创造性劳动中享受劳动幸福，实现美好生活。

其二，发挥科技优势，助推数字生活。互联网应用的普及程度的提高，催生了大量的网购、外卖和在线教育等线上服务，人们足不出户便可满足生活所需，生活的质量和效率得以提高，网络化、信息化成为当代生活的重要特征。数字生活成为不可阻挡的潮流与数字劳动的发展息息相关，劳动形态的升级能够更好地满足人民群众的基本需要，保证物质世界的充盈。随着经济增长，大众的精神世界有了更高的追求，网络休闲成了数字生活中必不可少的内容。以抖音短视频 APP 为例，其宣传语为"抖音，记录美好生活"，人们在该平台上以拍视频的方式记录下生活的美好瞬间，通过数字平台来满足休闲需求。"数字媒体的技术和内容的生产资本积累所需要的所有劳动都属于数字劳动。"③ 在某一程度上表明了数字劳动对科学技术有着高度依赖性。所以我们要把技术创新作为关键驱动力，促进科技优势与数字劳动协调发展，充分发挥科学技术对劳动解放的正向作用，以此加快公共服务领域的变革升级，让人民群众能够更好地享受数字生活。

其三，坚持以人为本，构建和谐劳动关系。当代社会出现了越来越多的资本至上、利益至上的不良思潮，在数字经济社会中则具体表现为数字劳动异化阻碍了人们美好生活的实现。在资本现代性的视域中，数字资本跃升为劳动与生活的目的，现实感性的人沦为资本增殖的工具，劳资关系的紧张程度与日俱增，人的劳动转变为谋生的手段，而不再是自由自觉的活动。数字劳动作为全新的劳动样态，其发展

---

① 习近平：《习近平谈治国理政》第一卷，北京：外文出版社 2008 年版，第 101 页。

② 习近平：《在北京大学师生座谈会上的讲话》，北京：人民出版社 2018 年版，第 12 页。

③ Trebor Scholz, *Digital Labor: The internet as Playground and Factory*, New York: Routledge press, 2013, p.212.

的快速性和超前性，使得相关劳动保障以及法律制度体系建设等方面存在着漏洞和不足，所以应当结合我国发展的需要和可能，加快该领域立法步伐，为数字劳工撑起一把强有力的法律"保护伞"，努力健全满足人们日益增长的美好生活需要的法律制度。基于此，只有坚持以人民为中心的发展理念，把劳动者从数字资本逻辑中解放出来，维护数字劳工的主体地位和自身权益，才能够在数字经济语境下处理好劳动与资本之间的固有矛盾，构建和谐的劳动关系，确保人民群众在一个自由平等的社会中用劳动创造出美好生活。

三、数字经济时代实现美好生活的价值意蕴

数字经济时代的美好生活不是所谓的乌托邦，美好生活需要是一个更加立体和更加多元的需求体系。美好生活的构建不仅包括了物质生活的充盈，还涵盖了形而上精神生活的满足。站在新时代新征程的伟大起点上，我们应当全面认识数字经济赋能美好生活所带来的新面貌，正确把握其深刻的价值意蕴，进而不断满足人民对美好生活的向往。

（一）赓续优秀传统，弘扬新时代劳动精神

美好生活历来都是人们孜孜以求的理想追求，史前就有燧人氏钻木取火开创华夏文明，有夸父逐日为百姓求得太平生活，随后又有孔子提出构建以"礼制"为基础的大同社会，陶渊明也于世外桃源之中找到了"采菊东篱下，悠然见南山"的理想生活。自中国共产党成立后，中国共产党人为让人们吃得饱、穿得暖付出了数不清的艰苦努力，改革开放伟大实践为实现新时代美好生活奠定了稳固基础。当前立足于中国特色社会主义新时代的历史方位，人民群众对美好生活的需求日益多样化和高标准化。习近平强调："发展数字经济意义重大，要不断做强做优做大我国数字经济。"[1]在数字经济时代打造发展新优势，以智能科技赋能文化发展，既顺应了时代发展潮流，又呼应了人民群众对美好生活的共同愿景，更是继承了中华民族自古以来追求美好生活的优良传统。不断拓展和满足人民对美好生活的更高层次需求，

---

[1] 习近平:《不断做强做优做大我国数字经济》,《求是》2022 年第 2 期。

对挖掘优秀传统文化的人文精神、弘扬革命文化的红色精神以及发扬先进文化的时代精神有着重要的推动作用，不仅能实现不同文化内容及其精神之间的协调发展，而且在精神文化层面增强了主流意识形态的凝聚力和认同度，让中国特色社会主义文化真正成为"激励全党全国各族人民奋勇前进的强大精神力量"[①]。再者，劳动作为一切幸福生活的源泉，在人类社会的生产生活和文明创造中都有着不可或缺的作用，劳动幸福则指的是"人通过劳动使自己的类本质得到确证所得到的深层愉悦体验"[②]。从社会整体层面来看，实现劳动幸福无疑是让人回归到自由发展的劳动状态，使其在劳动中实现自我价值，而数字经济的发展恰好做到了这一点。一方面，数字劳动实现了劳动时间与空间的空前突破，为人的自由全面发展提供了一定的可能性；另一方面，大数据、人工智能和区块链等技术的更迭，不断吸引广大群众参与其中，激发大众的劳动积极性，让人们在创造性劳动中确证自身的主体地位，鼓励大家通过数字劳动发挥所长，继而培育"崇尚劳动、热爱劳动、辛勤劳动、诚实劳动"[③]的劳动精神，充分彰显出优秀的劳动品格和高尚的劳动精神。此外，劳动幸福作为美好生活的另一种诠释方式，数字经济时代的美好生活保障了每一个人劳动幸福权的最大化实现，切实增加了人们的幸福感、获得感和安全感，这对增强人民弘扬劳动精神的责任感与使命感有着极其重要的激励作用，有利于劳动精神在新时代蔚然成风。

（二）激发数字活力，提高社会建设水平

在新一轮科技革命的带动下，智能技术实现了全方位、宽范围和多角度的发展，推进社会发展数字化转型现已成为现代化建设的必然要求。当然，我们要清醒地认识到，以我国目前社会建设总体状况来看，我们离向往的美好生活尚有较大差距，所以努力构建数字时代美好生活对激发经济新动能、提高社会建设水平有着重大意义。一方面，互联网行业的发展壮大为社会经济发展提高强劲引擎，不断推动数字与实体经济融合发展，增进线上与线下沟通交流，更好地发挥数字优势，实现

---

① 习近平：《决胜全面建成小康社会　夺取新时代中国特色社会主义伟大胜利——在中国共产党第十九次全国代表大会上的报告》，《人民日报》2017年10月28日第1版。
② 何云峰：《从劳动作为人的类本质的视角看劳动幸福问题》，《江汉论坛》2017年第8期，第49-53页。
③ 习近平：《在全国劳动模范和先进工作者表彰大会上的讲话》，北京：人民出版社2022年版，第4页。

数据资源的合理配置，形成发展新动能，助力产业数字化与数字化产业。以数字经济助推乡村振兴为例，人工智能、大数据分析和"区块链＋农业"等新兴科技与农业农村生产的密切结合，正在深刻改变着现代农民的生活境况。由于专业知识和技术的介入，农业生产更趋于专业化和规模化，在有效降低人力资源成本的同时也大幅度提升了生产效率，加之绿色发展理念的贯彻落实，如今数字农业已成为第一产业经济增长的新动能。数字技术赋能乡村教育，通过在线培训与实地操作培育数字经济时代新农民，以此消解并弥合乡村发展人才鸿沟，激发乡村振兴的内生动力，走稳走实共同富裕之路。另一方面，结合我国社会主要矛盾发生转变的现实情境，人们的美好生活需求愈来愈多样化，能够享受到更优质的社会服务被寄予众望。实践证明，数字治理、数字服务对提升政府效能、推动社会共享、跨越数字鸿沟以及增强数字红利等方面有着显著的推动作用，目前已成为显学。其一，以技术赋能美好生活不仅可以提高治理能力和改进治理方式，而且能够通过算法对社会信息数据资源进行实时整合与分析，更具针对性和实效性地解决社会问题；其二，互联共通的网络平台有助于在社会建设过程中集思广益、汇聚众智，让人们在线上为数字化时代的国家和社会发展建言献策，真正践行人民当家作主。其三，数字服务新样态渗透在人们的日常生活之中，智能技术与公共服务的深度耦合极大程度上拓宽了服务场景，满足了大众多方面、多层次的需求。由此可见，各具特色的数字服务颠覆了传统的生活方式，让人们能够随时随地参与并享受美好生活，充分展现出数字化生活的明朗前景。

（三）实现人民幸福，彰显人民至上的价值取向

数字经济时代的劳动过程本身就是美好生活的过程。就资源保障而言，数字劳动实现了产销合一的良性互动，促进了生产与消费结构的优化，为人民生产生活资料的供给与配置提供了坚实的资源保障。就劳资关系而言，数字经济的发展进一步消解了劳动异化，有助于摆脱资本的桎梏，让劳动者在劳动过程中真正拥有美好生活的真实体验。可以说，劳动本身就是幸福，它是人自由自觉的创造性活动。习近平多次强调："要坚持人民主体地位，顺应人民群众对美好生活的向往，不断实现

好、维护好、发展好最广大人民根本利益。"①数字经济时代实现美好生活充分彰显了人民至上的价值取向，既是经济发展新形势下对马克思主义人民立场的守正创新，又从本质上超越了中华民族本体，为人类命运共同体描绘出了一幅美好的生活新样态。人们在良好健全的数字生态中享受到更有力度和深度的优质服务，感受到更有质感和温度的幸福生活，并且通过共建幸福家园、共享发展成果来达到美好生活的归宿，充分体现了心系百姓、为民造福的价值追求。与此同时，数字化发展在为人类创造福祉和机遇的同时也带来了严峻挑战，因为美好生活不只属于某个单独的个体或国家，它也意味着不同国家之间的平等交流与和谐共生。所以，数字命运共同体的构建作为稳定世界和平态势、促进全球发展的顶层设计，营造了一个安全、开放和健康的数字生态圈，对于缩小国家数字鸿沟，破解数字霸权困境有着至关重要的作用。由此看来，在数字经济时代实现美好生活不仅彰显了中国共产党人"各美其美，美美与共"的价值情怀与大国担当，而且进一步表达了"以人民为中心"的价值追求。

（邬瑞钰，上海师范大学）

---

① 中共中央文献研究室:《习近平关于社会主义社会建设论述摘编》，北京：人民出版社 2017 年版，第 13 页。

私人劳动向社会劳动的转化与
美好生活需要的实现*

□ 靳帅帅

党的十九大报告提出："人民美好生活需要日益广泛，不仅对物质文化生活提出了更高要求，而且在民主、法治、公平、正义、安全、环境等方面的要求日益增长。"[①] 如何实现美好生活已经成为亟须回应的理论问题。美好生活是人创造的，作为人本质力量体现的劳动是满足美好生活需要的"第一推动力"。在社会主义市场经济体制下，劳动作为生产要素之一都是具体的私人劳动，而私人劳动只有转化为社会劳动才能满足社会成员的美好生活需要。

一、满足美好生活需要有赖于私人劳动向社会劳动的转化

人对美好生活的追求自古有之。中国自古就有对大同社会、小国寡民等理想生活的向往，传统的儒道思想也以实现美好生活为价值旨归。在西方历史上，美好生活多与幸福相关。如柏拉图对城邦幸福和个人幸福的论述、亚里士多德对沉思这一最高幸福的阐释等。柏拉图和亚里士多德都将城邦的善置于个体幸福之上，而城邦衰落后的希腊化时期则"迫使当时的人们第一次产生了带有个人特性和追求私人幸

* 基金项目：国家社会科学基金重大项目"新时代马克思主义意识形态话语体系建设研究"（19ZDA004）。
① 习近平：《习近平谈治国理政》第三卷，北京：外文出版社 2020 年版，第 9 页。

福的理想"①，比如伊壁鸠鲁学派就主张"美好的生活在于享乐"，"真正的幸福在于避免一切痛苦、烦恼和忧虑"。②在中世纪，宗教统治着人们的精神生活，上帝成了幸福的根本来源。例如奥古斯丁认为，寻找上帝就是在寻找幸福的生活，幸福要在记忆中用心灵体验。③近代以来的许多思想家也对幸福提出了自己的见解。如康德认为幸福是"一个有理性的存在者对于不断地伴随着他的整个存在的那种生活惬意的意识"④。在康德看来，幸福既与主体的意志有关，又与外界的质料有联系，幸福是一种实践形式。在黑格尔看来，幸福要在化为伦理和精神的国家中才能真正实现，私人幸福与"国家的福祉"相比是次要的，"国家的福祉"是"最好的东西"。⑤功利主义者约翰·穆勒认为："所谓幸福，是指快乐和免除痛苦。"⑥全体相关人员的"最大幸福"是功利主义者的追求，而这个目的"只能靠高尚品格的普遍培养"。⑦从上述思想家的论述来看，什么是美好生活尚无定论，主体的思维、理性、意志似乎都可以达到幸福，但无论哪一种幸福生活都不是凭空产生的，幸福生活的实现一方面需要发挥人的主观能动性，另一方面依赖人的实践创造。

美好生活是人的实践活动，人的劳动是创造美好生活的第一推动力。美好生活不是一种想象，也不是对人性的压抑，真正的美好生活建立在一定物质基础上，它至少要在充足的社会财富、充裕的自由时间、充分的自由个性、充实的共同体五个条件实现的前提下才能够达到。⑧一方面，人作为一种超越性存在不仅仅是动物般的生存于世，还有一定的精神追求；另一方面，人作为一种关系性存在不可能离开社会而"生活"，人必然生存于一定的社会关系中。因此，生活属于联结主观与客观的实践范畴，美好生活的实现不是主体或者客体一方的事情，主客两方面的有机结合才能够创造美好生活，而联结主体和客体的只能是作为实践活动的劳动。

---

① [美] 乔治·萨拜因：《政治学说史》（上册），盛葵阳、崔妙因译，北京：商务印书馆1986年版，第167页。
② [美] 乔治·萨拜因：《政治学说史》（上册），盛葵阳、崔妙因译，北京：商务印书馆1986年版，第169页。
③ 赵敦华、傅乐安：《中世纪哲学》（上卷），北京：商务印书馆2013年版，第235-238页。
④ [德] 康德：《康德著作全集》（第5卷），李秋零译，北京：中国人民大学出版社2006年版，第23页。
⑤ [德] 黑格尔：《法哲学原理》，邓安庆译，北京：人民出版社2016年版，第219页。
⑥ [英] 约翰·穆勒：《功利主义》，徐大建译，北京：商务印书馆2014年版，第9页。
⑦ 同上书，第14页。
⑧ 李双套：《论实践式美好生活的构建》，《伦理学研究》2020年第6期，第68-74.页。

美好生活的核心是劳动的幸福①，劳动能够满足人的美好生活需要，而劳动对美好生活需要的满足要通过私人劳动向社会劳动的转化这一途径实现。第一，美好生活需要体现为具体的需求，实现美好生活需要的前提是满足具体的生活需要。人的具体需要首先是生存需要，进而是发展需要。马克思、恩格斯指出："全部人类历史的第一个前提无疑是有生命的个人的存在"②，因而满足生存需要的物质生产活动无疑是"第一个历史活动"。人还是具有更高层次需要的存在，仅仅满足生存需要的人与动物无异。因此，美好生活需要的实现不仅是人基本生活需要的满足，更是人精神生活和社会生活的极大完善和丰富。正是在这一意义上，美好生活是人的多方面需求得到充分满足的生活。假使人的生存需要不能得到满足，那么这样的状态不能称之为生活；假使人的发展需要不能得到满足，那么这样的状态即使能够称之为生活也是不美好的。

第二，美好生活需要的实现具有社会性。"人的本质不是单个人所固有的抽象物，在其现实性上，它是一切社会关系的总和。"③个人无法生活，美好生活不是一个人的"生活"，而是社会群体中每个人的共同生活；美好生活需要是社会群体中每个人的需要，它的实现有赖于社会全体成员的共同努力。每个人都依赖他人满足需要、创造价值，脱离现实社会关系谈论美好生活需要的实现是"大大小小的鲁滨逊一类故事所造成的美学上的假象"。④人都是有限的存在，每个人都不可能在现实中做到"自我持存"，人必然要依赖他人而存在。正是在这一意义上，马克思恩格斯指出："人们一开始就有一种物质的联系。这种联系是由需要和生产方式决定的，它和人本身有同样长久的历史；这种联系不断采取新的形式，因而就表现为'历史'，它不需要用任何政治的或宗教的呓语特意把人们维系在一起。"⑤

第三，美好生活需要具有特殊性，这要求通过私人劳动创造多种多样的使用价值来满足需要。每个人都有对美好生活的向往，因而存在普遍的美好生活需要；但人与人又是千差万别的，不同个体的美好生活需要之间存在差异性，正是这一点使

---

① 陈学明、毛勒堂：《美好生活的核心是劳动的幸福》，《上海师范大学学报（哲学社会科学版）》，2018年第6期，第12—17页。

② 马克思、恩格斯：《马克思恩格斯文集》（第1卷），北京：人民出版社2009年版，第519页。

③ 同上书，第501页。

④ 马克思、恩格斯：《马克思恩格斯文集》（第8卷），北京：人民出版社2009年版，第5页。

⑤ 马克思、恩格斯：《马克思恩格斯文集》（第1卷），北京：人民出版社2009年版，第533页。

得美好生活带有个体印记。只有创造出足够丰富的劳动产品才能满足多样化的需求，满足个体对多元化生活方式的期待，而私人劳动恰好能够创造不同种类的劳动产品。然而在现代社会中，私人劳动必须转化为社会劳动才能够满足社会成员多样性的需要，这就是私人劳动向社会劳动的转化过程。马克思指出："作为使用价值，商品首先有质的差别；作为交换价值，商品只能有量的差别。"[1]从个体需求的角度看，一方面，满足美好生活需要的是各种各样的使用价值，需要不同"质"的商品，而这些不同的"质"实际上代表了不同的私人劳动产品，这能够解决人对美好生活需要的普遍性要求；另一方面，商品代表着特定的社会关系，只有处于交换关系中的私人劳动产品才是真正的商品，凝结在产品中的私人劳动才能得到社会的承认转化为社会劳动，其使用价值才能得到充分彰显，从而解决不同个体的特殊需求。因此，只有私人劳动转化为社会劳动，美好生活需要才有实现条件。因此，私人劳动能够为广泛而多样的美好生活需要的实现提供条件。私人劳动不仅能够创造丰富的劳动产品满足个体普遍性的需要，还能够通过向社会劳动的转化将私人劳动产品转化为商品，从而满足个性化需求。

二、美好生活需要促进私人劳动向社会劳动的转化

私人劳动向社会劳动的转化与商品向货币的转化一样是"惊险的跳跃"，在商品交换中"这个跳跃如果不成功，摔坏的不是商品，但一定是商品占有者"[2]。实际上，商品向货币的转化过程同时也是私人劳动产品向社会劳动产品的转化过程。商品在出售前仍然只是私人劳动产品，凝结的仍然是私人劳动，只有通过交换卖出去，作为私人劳动产品的"商品"才真正成为作为社会劳动产品的商品，整个生产过程才算完成。私人劳动产品如果与美好生活需要相契合，那么其向社会劳动产品的转化过程就更加顺利，凝结在产品中的私人劳动也能更顺利地转化为社会劳动。在社会主义初级阶段，美好生活需要与私人劳动产品之间存在契合点，能够推动私人劳动向社会劳动的转化。

首先，美好生活需要为私人劳动的转化提供动力。美好生活需要涉及社会生活

---

[1] 马克思、恩格斯：《马克思恩格斯文集》（第 5 卷），北京：人民出版社 2009 年版，第 50 页。
[2] 同上书，第 127 页。

的方方面面，而私人劳动代表着广泛而多样的社会分工形式，能够满足差异化的社会需求，促进商品实现"惊险的跳跃"。马克思在《资本论》开篇就指出："商品首先是一个外界的对象，一个靠自己的属性来满足人的某种需要的物。"①在一般意义上，作为私人劳动的产物，商品为满足需要而生，这恰好能够对接美好生活需要。这样，创造商品的私人劳动与需要商品的美好生活之间就存在着潜在的供求关系，美好生活需要就为私人劳动向社会劳动的转化提供了契机。需要指出的是，不同社会关系下私人劳动产品发挥的作用是不一致的，并不是任何社会形态下的美好生活需要都能够促进私人劳动向社会劳动的转化，资本主义私有制下商品的交换价值代替了使用价值，商品是社会财富的表现形式，真实需要与虚假需要混合难辨，此时的私人劳动产品是作为资本增殖的手段出现的。在这种情况下，供需关系是次要的，利益关系成了矛盾的主要方面，因而所谓的转化动力问题只是表象，资本的逐利本性会驱使商品所有者（资本家）用尽一切手段实现增殖，此时美好生活需要没有参与到整个转化过程中，因而无所谓是否能够为转化过程提供动力。在马克思所描绘的未来共产主义社会即社会主义的高级阶段中也不存在类似的促进关系。未来社会的经济形式建立在生产力高度发达的基础上，生产资料公有制代替了私有制，劳动产品一开始就是社会劳动产品的一部分，每个人的需要都能够得到充分满足，因而也不存在转化动力问题。美好生活需要促进私人劳动转化是当前社会主义初级阶段这个历史时期的独特现象，它是在社会主义制度建立、公有制主体地位确立、生产力水平不断发展的条件下产生的，具有相对独立性。

其次，美好生活需要促进私人劳动产品质量提升。随着生产力水平的提高，人们的需求也会随之向更高层次发展，这是经济发展过程中的必然趋势，从这一角度看，人类社会物质生活水平不断提高的历史表现为更高层次需要不断产生并得到满足的历史。在《德意志意识形态》中，马克思就将需要的满足看成一个历史的过程："已经得到满足的第一个需要本身、满足需要的活动和已经获得的为满足需要而用的工具又引起新的需要，而这种新的需要的产生是第一个历史活动。"②马克思这里"新的需要"指的就是更高层次的需要。因此，美好生活需要提出的新要求将重塑整个社会的生产过程，其结果表现为劳动产品质量的整体提升。美好生活需要不

① 马克思、恩格斯:《马克思恩格斯文集》(第5卷)，北京:人民出版社2009年版，第47页。
② 马克思、恩格斯:《马克思恩格斯文集》(第1卷)，北京:人民出版社2009年版，第531-532页。

是一般的生存需要，而是更高层次的发展需求，这成了提升私人劳动产品质量的目标指向。一方面，随着收入的提升，人们对生存资料有了更高期待；另一方面，社会主义初级阶段的基本国情决定了发展资料的供应相对不足。需求方面的这两个变化导致产品的供给与需求之间产生了一定张力，商品所有者必须精准对接需求、不断提升商品质量才能实现"惊险的跳跃"。美好生活需要所要求的高质量产品意味着生产工艺乃至生产方式的变化，这将带来生产领域的变革。这一变革将产生淘汰效应：一部分私人劳动产品无法转化为社会劳动产品，商品中所蕴含的私人劳动由于使用价值不符合预期不被承认，因而失去了转化为社会劳动的机会，这部分私人劳动者就会由于产品无法出卖而"被摔碎"。相反，另一部分私人劳动产品拥有与美好生活需要相符的使用价值，其在竞争中能够获得买方青睐，因而能够顺利实现交换价值，将凝结在产品中的私人劳动转化为社会劳动。在社会主义市场经济条件下，竞争关系是客观存在的，而美好生活需要正是转化成败的关键，是否能够满足美好生活需要决定了私人劳动者在竞争中所处的优劣地位。这样，社会主义市场经济条件下的美好生活需要满足就为私人劳动产品质量的提升提供了指引。

最后，美好生活需要为私人劳动能力的提升创造条件。劳动产品质量的提升有赖于劳动能力的提升，拥有了更高水平的劳动能力，产品的质量才能更上一层楼。美好生活需要以及能够被预见的更高层次的美好生活需要将推动劳动者不断提升自己的劳动能力以满足需要。一般来说，劳动能力的提升至少包括劳动熟练程度的提升、劳动技术的创新、劳动结合的优化和劳动工具的完善四个方面，其结果直接表现为社会必要劳动时间的缩短。"每一个国家都有一个中等的劳动强度，在这个强度以下的劳动，在生产一个商品时所耗费的时间要多于社会必要劳动时间，所以不能算作正常质量的劳动。"[①]因此每个劳动者必须提升劳动能力，不断提高劳动生产率，使其劳动时间不高于社会必要劳动时间。从现实境况来看，劳动者自身可以通过参加劳动培训提升劳动熟练程度、掌握先进的劳动技术；工厂企业可以通过更新管理方式和机器设备来提升协作效率。摆在劳动者面前的一方面是美好生活提出的更高层次需求目标，另一方面是劳动能力不同带来的竞争压力，这会促使整个社会的劳动者不断提升劳动能力以维持再生产，从而带动整个社会劳动能力的提升。在

---

① 马克思、恩格斯:《马克思恩格斯文集》（第 5 卷），北京：人民出版社 2009 年版，第 645 页。

我国，劳动者的主体地位有法律保障，劳动能力的提升是劳动者追求美好生活的现实行动。不同于资本主义社会以非人化的劳动强度攫取剩余价值的现象，社会主义社会中提升劳动能力是劳动者为实现自身价值的方式。党的二十大报告指出要加快建设国家战略人才力量，努力培养造就更多大师、大国工匠。这是党在中国特色社会主义进入新时代之后对劳动者提出的承诺和期望。劳动者是创造美好生活的主体，只有劳动能力的全面提升，才能稳步实现新时代美好生活。

三、美好生活需要的无限性和转化过程的跃升性

人的需要不会停留在某一水平上，生产力的发展和社会的进步会使社会不断产生新情况和新问题，进而推动新的更高层次的需要不断产生。从这个意义上讲，人的需要是无限发展的。正如马克思所指出的："已经得到满足的第一个需要本身、满足需要的活动和已经获得的为满足需要而用的工具又引起新的需要"[①]，新的美好生活需要将不断取而代之。美好生活需要在人的需要体系中处于较高层次，但美好生活需要仍然是人的需要体系的一部分，人的需要的跃升也会带动美好生活需要的跃升。在前一个历史时期看来是美好生活需要的东西在当前历史时期可能不再是人民期盼的较高层次需要，而会转变成较容易获得的基本生活需要，人类社会发展的历史已经反复证明了这一点。新样态的美好生活需要的产生同样需要劳动满足，它也会给劳动提出新任务。面对新情况，私人劳动又必须重新对接新需要，进一步提升新型劳动产品的质量和生产效率，在新的社会条件下实现私人劳动向社会劳动的转化。这一系列转变意味着美好生活需要和私人劳动向社会劳动的转化过程重新在更高层次上互促互进，这即是美好生活需要的无限性和劳动转化过程的跃升性。美好生活需要与转化过程的关系类似于恩格斯对竞争规律的描述："情况总是这样；从未有过健全的状态，而总是兴奋和松弛相更迭……一种达不到目的的永恒波动。"[②]掌握并合理运用美好生活需要与劳动转化的相互促进关系能够在社会主义初级阶段推动人民不断发展的美好生活不断成为现实。

第一，需要不断满足的过程也是人类社会不断发展的过程，从这个意义上讲，

---

① 马克思、恩格斯:《马克思恩格斯文集》(第1卷)，北京：人民出版社2009年版，第531页。

② 马克思、恩格斯:《马克思恩格斯文集》(第1卷)，北京：人民出版社2009年版，第74页。

人的需要与历史发展是同步的，不断满足人民的美好生活需要的过程也是推动时代不断前进的过程。马克思在《1857—1858 年经济学手稿》中从人的需要出发将人类社会划分成了三种形态①，现实的历史发展实际上也印证了马克思的观点。在人类社会发展的初期，人的需要主要表现为基本的生存需要，其他需要仅仅是次要的；农业革命后的自然经济时期，人类创造出了灿烂的文明，人类在满足生存所需的同时还创造了丰富多彩的社会文化，这推动了人对更高层次的精神需要的追求；商品经济出现后，人的多样需求主要通过商品满足，普遍的商品交换成为现实，"物的依赖性"显露无遗。当代社会仍未超越马克思所描绘的人类社会三形态，其中第三种社会形态——"建立在个人全面发展基础上的自由个性"——甚至远未达到，从这一点上看，人的美好生活需要还远未实现，当下仍然需要关注私人劳动向社会劳动的转化问题，不断满足新的美好生活需要以推动社会前进。中国所提出并推行的供给侧结构性改革、大众创业万众创新等政策既有利于精准对接不断变化的美好生活需要，又推动了劳动能力的提升，为二者良性互动创造了良好的社会条件。

第二，私人劳动向社会劳动的转化过程是长期的，要看到劳动转化过程的历史进步性，创造条件持续推动劳动转化过程的实现。劳动是财富的主体属性，是满足人的各方面需要的重要源泉。人依赖劳动摆脱了不可知的纯粹自然，进入了属人的"人化自然"中，由此人类社会得以不断发展进步，人的超越性才展现在世界中。正是在这一意义上，作为实践形态的劳动成为人的存在方式，具有了本体论意义。劳动在改造自然界的过程中塑造了人类社会。任何社会一刻也离不开物质生产，基于生产而发展起来的各种关系构成了人生存于世的现实形态，人因而成了"社会关系的总和"，成了一种关系性存在。由此可见，人类社会无法离开劳动而存在，劳动生产是社会存在和发展的基石。进一步说，私人劳动和社会劳动作为劳动的不同形式必然伴随着人类社会的存在而存在，它们所代表的社会关系可能会发生改变，但劳动本身不会消失，私人劳动和社会劳动具有同一性的一面。在马克思的论述中，私人劳动向社会劳动的转化直到共产主义社会才会完结："在一个集体的、以生产资料公有为基础的社会中，生产者不交换自己的产品；用在产品上的劳动，在这里也不表现为这些产品的价值，不表现为这些产品所具有的某种物的属性，因为

---

① 马克思、恩格斯:《马克思恩格斯文集》(第 8 卷)，北京：人民出版社 2009 年版，第 52 页。

这时，同资本主义社会相反，个人的劳动不再经过迂回曲折的道路，而是直接作为总劳动的组成部分存在着。"① 共产主义社会的实现是一个"不断改变现实状况的现实运动"，是一个长期的历史过程，因而在社会主义初级阶段私人劳动向社会劳动的转化将长期存在，这是今后一段时间中国发展必须要解决的重要问题。考虑到劳动转化过程存在风险，只有在发展中才能不断解决这一问题。当前中国仍然存在发展不平衡不充分的问题：从空间上看，各地区由于在资源禀赋、政策倾向、发展途径等方面存在差异，发展不平衡的问题仍然存在，沿海与内陆的差距、南北方的差距、城乡差距还较大，相对贫困地区与发达地区差距还较大；从时间上看，中国由于在发展历史、技术水平、人才状况等方面与世界其他国家相比存在短板，发展不充分的问题仍然存在。发展不平衡不充分的问题会给劳动转化过程带来阻碍，发达地区和欠发达地区都可能存在消费不足、再生产难以为继的问题。这要求中国立足新发展阶段，把握中国发展的战略机遇期，以创新作为发展的第一推动力，深入贯彻落实创新、协调、绿色、开放、共享五大发展新理念，实现内涵式发展。

第三，私人劳动向社会劳动的转化是不断跃升的。人类历史总要向前发展，人的更高层次需要在不断地转化为基本需要，作为满足需要的劳动也是在不断发展的，要创造条件不断引导劳动转化过程实现跃升。正如马克思在《哲学的贫困》中所指出的一样："手推磨产生的是封建主的社会，蒸汽磨产生的是工业资本家的社会。"② 人民更高层次的美好生活需要依赖更先进的劳动方式创造，而这种需要的不断实现实际上标志着私人劳动向社会劳动的转化跃升到了更高层次。人是劳动的主体，只有人能改变劳动方式，也只有人能不断提升劳动能力，因而要始终高度关注劳动者，为劳动者创造良好条件促进劳动转化过程的跃升。面对纷繁复杂的国内外形势，中国劳动者面临着多方面的挑战：一是世界经济增长乏力、国际贸易壁垒增多、全球性经济结构调整给中国经济带来了巨大压力，保增长、稳就业任务严峻；二是经济发展对劳动者素质的要求不断提升，体力劳动者不断受到排挤，低学历劳动者就业空间不断被压缩，技术岗位劳动者稀缺，劳动者"内卷"明显；三是劳动者收入少、增长慢，劳动所得在收入分配中所占份额不大，劳动者收入增长速度有时跟不上经济增长速度和通货膨胀速度，实际收入增长有限。此外，生活必需品价

---

① 马克思、恩格斯：《马克思恩格斯文集》（第 3 卷），北京：人民出版社 2009 年版，第 433-434 页。
② 马克思、恩格斯：《马克思恩格斯文集》（第 1 卷），北京：人民出版社 2009 年版，第 602 页。

格上涨、疫情肆虐背景下生活成本增加等都成了劳动者提升劳动能力的阻力。这要求充分调动劳动者的积极性、主动性和创造性，加强宏观调控主动作为，依法保障劳动者的合法权益，为劳动者的幸福生活提供托底保障；同时，要利用国际经贸协调机制增强与其他国家的交流与合作，逐步扫除贸易壁垒，合作解决共同问题，画出中国经济最大同心圆，推动世界经济走向复苏，为劳动者实现自身价值创造良好的国际环境。

四、结语

美好生活是一个整体，它由一个个鲜活的美好生活需要构成。从这一点上讲，美好生活需要不断实现的过程就是人民美好生活的实现过程。美好生活是奋斗出来的，劳动是实现美好生活的根本动力。我国是工人阶级领导的、以工农联盟为基础的社会主义国家，中国共产党是为最广大人民服务的政党，尊重劳动、尊重知识、尊重人才、尊重创造，是中国共产党治国理政的一项重大方针，我国的顶层设计与美好生活需要的实现是高度契合的。2020 年底我国已经实现了全面脱贫的目标，步入了全面建设社会主义现代化国家的历史进程，人民的美好生活又前进了一步。但是，解决发展不平衡不充分的问题仍然是当务之急，如何把握战略机遇期实现中华民族伟大复兴，推动更加美好的生活来临仍然是需要研究的时代课题。实现人民向往的美好生活是未来一段时期内我国发展的目标指向，是全面建成社会主义现代化国家的应有之义，它体现了社会主义制度优越性，有利于增强人民群众的获得感、幸福感，有利于更加充分地彰显人民主体地位，也是中国共产党治国理政能力的鲜明表征，不断从理论上解决美好生活的实现问题能够为现实提供指引。

（靳帅帅，武汉大学）

更好满足人民美好城市生活新期待：
价值意蕴、基本样态与实践遵循[*]

□ 马超

习近平同志在十九大报告中强调："带领人民创造美好生活，是我们党始终不渝的奋斗目标。"^①同时作出"新时代我们必须推进高质量发展，加快城市化进程，不断推动农业转移人口市民化"^②的重大战略部署。这启示我们，实现党和国家新时代奋斗目标，必须推动高质量城市化发展、有效解决城市化发展矛盾，更好满足人民对美好城市生活的新期待。

一、新时代人民对美好城市生活的需求愈加凸显

城市化是衡量国家现代化程度的重要标度，也是我国进入新时代关键发展取得中国特色社会主义伟大胜利的必要路径。改革开放以来，我国以平均每年提高 1.35 个百分点的增速，实现了跨越式城市化发展，创造了迄今为止世界"规模最大、增速最快、影响最广"的城市化奇迹。据 2021 年国家统计局统计数据显示，我国城市数量已经从新中国成立初期的 132 个发展至 699 个，常住人口城市化率已经从

* 江苏省研究生科研与实践创新计划项目"当代中国法治话语的学理透析与逻辑解读"（项目编号：KYCX22_0321）；江苏省社会科学基金青年项目"人类命运共同体视域下逆全球化思潮的新动向及其应对研究"（项目编号：21MLC008）。

① 习近平:《习近平谈治国理政》第三卷，北京：外文出版社 2017 年版，第 35 页。
② 同上书，第 26 页。

1978 年的 17.9% 提升至 2021 年底的 64.72%，预计未来 15 年左右的时间，我国这一比率将升至 70%，基本达到发达国家水平。可以发现，随着城市化进程的深入，城市已成为容纳我国人口生活的主要场域，城市生活业愈来愈构成我国人民最主要的生活形式。

究其根本，让我国广大人民群众享受城市文明，共度美好幸福的城市生活才是城市化的价值旨归。经过改革开放四十多年的发展，我国国民经济获得持续增长、社会生产力得到迅速提升。人们不再仅仅满足于"吃饱喝足穿暖"的生活状态，不再仅仅以拥有城市市民身份而倍感荣耀，而是愈发注重更加舒适的生活感受、愈发强调更有质感的生活方式、愈发追求更具内涵的生活样态。也就是说，新时代人们的生活诉求已经实现了从简单的物质文化领域向包括物质、文化、政治、社会以及生态文明在内的全面化的美好生活领域的跨越与转变。而城市生活作为人民现代化生活的重要方式，必然承载着人民更加个性化、多样化、品质化的美好生活需求。

我国城市化进程的不断加快，一方面让更多人民享受到了我国社会主义现代化建设的最新成果，人民生活水平有了显著提高；另一方面，当前我国城市发展的不平衡性与不充分性问题还很严重，城市建设水平离人民对美好城市生活的期待还有较大差距。从发展的不平衡性来看：一是由于城乡发展的不平衡，人口、资本、技术等发展要素从农村向城市极速涌入并过度积聚，导致人口膨胀化、资源稀缺化、交通拥挤化、秩序混乱化、环境污染化等城市病症凸显，严重影响了人民美好城市生活体验；二是部分城市内部发展的不平衡性问题还很突出，郊区与中心区、新城区与老城区、开发区与非开发区之间的公共资源配置存在明显差异化倾向，社会的公平正义还有待加强。从发展的不充分性来看：整体而言，与西方发达国家相比，我国城市的人均 GDP、产业结构、创新能力、环境保护、基础设施建设等方面仍有较大的提升空间。

尽管如此，新时代人民对美好城市生活的期待仍呈现出新的特点。

一是追求现代感的城市生活。城市化不仅是农村人口向城市人口转移、农业产业向非农产业扩张的过程，也是传统生产、生活方式向工业化、现代化方式转化的过程。本质上，城市化和现代化是城市自身向更高阶段的发展运动，它反映了城市朝向更高级存在形态发展的必然规律。进入新时代，伴随城市化的推进，人民对美好城市生活的需求越来越表现为人们希望借助更加先进、更加现代的科学技术手段，不断优化城市的经济、社会、政治、文化、生态系统，不断提升城市的住宅、商圈、通信、环境、基础设施等建设水平，进而在工作、学习、娱乐、休闲等领域实现一种更具科技感、更有现代感的生活环境和生活样式。

二是追求人性化的城市生活。人是城市建设、城市生产、城市活动的主体，因而人既是城市发展的动力，也是城市建设的尺度，更是城市存在的目的。换言之，城市的发展、建设与存在本质上是为了实现人的生存、发展与生活之需要。过去"重生产，轻生活"的传统理念导致我国曾一味追求城市的经济增速和城市的经济功能建设，忽视了城市应该首先围绕作为实现"人的发展与目的"的空间场域来进行功能规划。进入新时代，伴随人民需求的提升、思想意识的解放、自我价值的体认，人们更加渴望城市建设的人性尺度、城市环境的人文底蕴以及城市生活的人性关怀。因而，城市发展必须以满足人的真实的、具体的需求为出发点和落脚点，从而实现人民更具幸福感、更加人性化的美好城市生活。

三是追求有质感的城市生活。随着我国城市化的纵深发展、城市文明的不断进步，我国城市居民的科学素质、人文素养、审美能力等也有了极大提高，人们不仅对城市建设有了更深刻的理解，对城市生活也有了更丰富、更质感的诉求。美好城市生活不再仅仅只是以实现人们在物质需求方面的数量化满足，更需要为人们的物质需求、文化需求、政治需求、社会需求、环境需求等方面提供全方位、多样性、优质化的产品与服务。特别是进入新时代，人们不仅期待经济生活的充裕，更希望在文化生活、政治生活、社会生活、生态环境生活中获得更有价值、更具内涵、更显品质的生活产品和生活方式。

四是追求舒适化的城市生活。"舒适"是一种主观感受，是当人们在城市生活中感到愉悦、满意时产生的一种积极的、综合的主观判断。新时代人们对城市生活舒适度的追求恰恰体现了人们不再仅仅满足于经济收入的提高，而是转向对城市生活整体性、品质化诉求的探寻。特别是面对当前"物质水平与精神压力呈正相关态势"的状况，"舒适度"更能体现人们城市生活的"幸福感""获得感"与"满足感"。新时代为了更好满足人民美好城市生活的期待，必须不断提升城市生活水平、优化城市生活结构、改善城市生活环境，进而实现更有舒适度的城市生活体验。

五是追求和谐的城市生活。和谐性是新时代人民美好城市生活的整体特征和基本依循。一方面，新时代人们愈发追求整体性的和谐生活。包括以全过程人民民主为特色的和谐政治、以社会主义市场经济为依托的和谐经济、以社会主义核心价值观为引领的和谐文化、以绿色发展观为导向的和谐生态、以"民主法治、公平正义、诚信友爱、充满活力、安定有序、人与自然和谐相处"为基本特征的和谐社会。另一方面，新时代人们也更加诉求具有和谐性的生活方式。人们在城市生活中面对就业、教育、医疗、养老、社会保障、休闲娱乐等领域的个性化、多样化、分层化需求之间的和谐统一构成了人们对美好城市生活更高的期待。

二、更好满足人民美好城市生活新期待的价值意蕴

新时代更好满足人民美好城市生活需求意义重大。从个人发展的视角来看，有利于促进人的全面发展；从社会发展的视角来看，有利于促进社会和谐和共同富裕；从国家发展的视角来看，有利于促进中华民族的伟大复兴。

（一）个人层面：有利于促进人的全面发展

新时代更好满足人民美好城市生活需求是促进人的全面发展的重要前提。一方面，促进人的全面发展是人民美好城市生活的应有之义。人的全面发展既需要物质需求的满足，也需要精神需求的满足，相应地，要更好满足人民美好城市生活需求既要诉诸提高人民的物质生活水平，实现更加富裕的城市生活，也要力求提升人民的精神文化境界。另一方面，实现人民美好城市生活构成了人的全面发展的重要环节。马克思的需求理论指出，人的全面发展的实现过程就是人的需求不断得到满足的过程。人类社会的进步发展规律向我们进一步揭示了人的需求是不断从低级走向高级、从简单走向复杂、从单一走向丰富、从片面走向全面的实现过程。进入新时代，在我国社会主要矛盾发生转变的时代背景下，人民对美好城市生活的期待恰恰体现了人民对超越以往较为低级、单一、简单、片面的城市生活的诉求，转而向往更加高级、多样、丰富、全面的美好城市生活。人的全面发展作为人的理想性存在形态，也必然将通过更好满足人民美好城市生活需求不断现实化。因此，新时代人民美好城市生活需求的满足既在实然性上构成人的全面发展的重要内容，也在应然性上成为促进人的全面发展的重要条件。

（二）社会层面：有利于促进社会和谐和共同富裕

新时代更好满足人民美好城市生活需求是实现和谐社会、促进共同富裕的重要保证。一方面，和谐社会的本质在于实现人与人以及人与自然之间的和谐发展。随着城市化的深入推进，城市既为人们的交往创造了主要场域，也为人与自然的交互搭建了重要平台。进入新时代，美好城市生活的不断实现不仅增强了人民的获得感与幸福感，促进了人与人之间的友好和睦，同时也通过改善城市生态环境、推动绿色产业发展，促进了人与自然之间的和谐共生。另一方面，新时代在我国经济总量稳步提升的基础上，人民展现出了对公平正义的城市生活的更高诉求。因而，新时代更好满足人民美好城市生活的过程，是在进一步加强民主法治建设、优化城市资源配置的基础上，在共建共治共享的原则下，不断实现人民共同富裕的过程。

（三）国家层面：有利于促进中华民族的伟大复兴

更好满足人民美好城市生活需要体现了中国梦的价值追求。习近平指出："实现中华民族伟大复兴的中国梦，就是要实现国家富强、民族振兴、人民幸福。"[1]可见，人民美好幸福生活的实现是中华民族伟大复兴的重要标志。同时他强调："我国仍然处于并将长期处于社会主义初级阶段，实现中国梦，创造全体人民更加美好的生活，任重而道远，需要我们每一个人继续付出辛勤劳动和艰苦努力。"[2]这启示我们，新时代实现中华民族伟大复兴的中国梦，一是必须要充分调动我国广大人民群众的积极性，依靠人民力量不断创造幸福生活；二是必须要坚持以经济建设为中心，全面推进社会主义经济、政治、文化、社会、生态文明的建设，要在夯实物质文化基础的过程中不断满足人民日益增长的美好城市生活需要。

三、更好满足人民美好城市生活期待的基本样态

新时代，满足人民对具有现代感、人性化、品质化、舒适度和和谐性的美好城市生活的需求并非乌托邦式的构想。具体来说，需要我们以现阶段我国的社会发展

---

[1] 习近平：《在第十二届全国人民代表大会第一次会议上的讲话》，《人民日报》2013年3月18日第1版。
[2] 同上。

水平为现实基点，朝着实现更加富裕的城市生活、更加开放的城市经济、更加多样的城市功能、更加便利的城市规划、更加高效的城市治理、更有内涵的城市人文、更加包容的城市文化、更加广泛的资源共享、更加智慧的城市服务、更加生态的城市环境等美好城市生活新样态不断努力。

（一）更加富裕的城市生活

历史唯物主义认为："物质生活的生产方式制约着整个社会生活、政治生活和精神生活的过程。"[1] 总体来看，一方面，物质生活水平从根本上决定着人民美好城市生活的呈现样态。相较于改革开放初期，现阶段我国城市居民的可支配收入实现了跨越式增长，物质需求的不断满足已经成为推动人民对城市生活产生更高诉求的根本动力。我们甚至可以认为，新时代人民物质生活的整体水平将决定人民美好城市生活水平实现的层次与高度。另一方面，应该看到，当前我国城市居民的整体物质生活水平较于西方发达国家仍有很大差距。以上海为例，当前上海城市居民的人均可支配收入仅为美国和新加坡的 1/5、英国和德国的 1/4、日本的 1/3。城市居民的整体物质生活水平是衡量城市发展充分与否的重要标识，也是与人们的切身利益最为相关和最为紧密的因素。因此，新时代更好满足人民的美好城市生活需要，必须以提升人民物质生活水平为基础。

（二）更加开放的城市经济

坚持以经济建设为中心，大力发展城市经济，进而充分调动作为推动社会进步的最活跃、最革命的生产力要素，是持续满足人民对美好城市生活热切向往的必然要求和根本途径。城市经济兴衰成败的关键在于能否建立起自身的动力机制。比利时物理学家普利高津的耗散结构理论认为，一个系统只有处于和外界保持联系的开放状态，才能在不断与外界循环往复的过程中激活系统动能、实现自身的"有序"发展。因而，城市经济的可持续性发展有赖于它的"开放程度"。一方面，一个保持开放的城市经济有利于吸收和集中外部资金、技术、人才、信息等生产要素，从而在不断提升城市经济规模和提高城市产业优势的基础上，实现更加充分的城市发

---

① 马克思、恩格斯：《马克思恩格斯文集》（第 2 卷），北京：人民出版社 2009 年版，第 591 页。

展；另一方面，城市经济的开放发展也会促进城乡之间的合理分工和优势互补，这不仅有利于发挥中心城市的带动作用和先导作用，通过建立不同规模、不同层次和不同特色的城乡经济综合体，促进城乡之间的协同发展，也有利于城市自身结构形成更加合理的产业布局，完善各种资源的配置，从而有效改善城市内部发展的不平衡性问题。

（三）更加多样的城市功能

人的存在与发展是城市存在与发展的前提，因而城市的功能建设本质上应该要真实反映城市居民的实际需要。马克思认为："人以其需要的无限性和广泛性区别于其他一切动物。"[1] 进入新时代，在全面建成小康社会取得历史性成就、脱贫攻坚战取得决定性胜利的时代背景下，人民的美好城市生活需要日益广泛，人们不仅对城市的经济功能有了更高要求，更希望能够进一步完善城市的社会功能、文化功能、生态功能、服务功能等与人们日常生活息息相关的功能建设。新时代的城市功能规建设要与人民美好城市生活诉求同步发展，要不断实现人们对"幼有善育、老有善养、学有优教、住有宜居、劳有多得、闲有雅趣、病有良医、弱有多助"等多样化美好城市生活的期待。但与此同时，多样化的城市功能需求也对城市建设提出了更高要求。新时代城市功能多样化的实现需要保持适度的人口规模和形成合理的职能结构。只有实现城市各类人群之间合理分工、城市各项功能之间彼此支持的动态平衡，才能塑造充满活力的城市景观，最大限度地实现城市的有序运行和持续发展。

（四）更加便利的城市规划

享受便利的城市生活是新时代我国广大人民群众对高品质生活方式的基本诉求。近年来，随着城市化进程的加速，城市空间的人口膨胀速度远远高于城市规模的扩张速度，人口拥挤、交通拥堵等问题愈发凸显，城市便利性日渐成为制约人民美好城市生活体验的重要因素。事实上，"城市便利性最初被认为是自然存在的，但如今，人造的城市便利性越来越成为在各种公共政策中起重要作用的因素。"[2] 也

---

[1] 马克思、恩格斯：《马克思恩格斯全集》（第49卷），北京：人民出版社2016年版，第130页。

[2] 吴文钰：《城市便利性、城市质量与城市发展：综述及启示》，《城市规划学刊》2010年第4期，第71-75页。

就是说，合理的城市规划越来越成为解决城市便利性问题的必要保证。与此同时，一个城市的空间规模、环境容量和承载能力往往也是有限的，只有保证城市人口的适度规模和城市设施的合理分布，才能实现城市的正常运行。按照哈佛大学教授格莱泽（Edward Glaeser）的观点，新时代实现人民的城市便利化需求，必须要充分考虑城市功能的变化和承载能力的限制，通过优化城市顶层设计、完善城市规划布局，不断实现城市空间"更充足的商品市场及其服务、更优美的自然环境与艺术、更良好的公共服务、更便捷的交通及其通讯基础设施"①，这也是有效避免"城市病"的重要途径。

（五）更加高效的城市治理

城市治理高效化是城市可持续发展的重要前提，是城市治理体系和治理能力现代化的必然要求，体现了新时代我国推进城市化高质量发展的现实诉求。城市的主体是人，城市治理的最终落脚点必然是解决人的问题，解决老百姓最为关心、最为关切的现实问题。然而，自21世纪以来，我国城市化进入高速发展期，面对城市规模的持续扩大，以及人口、资本、信息、技术等资源大量涌入，各种发展矛盾与社会冲突在有限的城市空间不断聚积、爆发，城市治理的风险和难度与日俱增。特别是近年部分城市相继发生多起重大安全事故，强烈冲击着人民的幸福感、安全感和获得感。为此，城市治理必须坚持以人民为中心的指导思想，把人民群众的"幸福清单"有效转化为城市治理的"责任清单"，把为人民服务切实贯穿于城市治理的细节中。尤其是在国家大力推动数字化转型的时代背景下，我们更要时刻牢记习近平总书记关于"既要善于运用现代科技手段实现智能化，又要通过绣花般的细心、耐心、巧心提高精细化水平，绣出城市的品质品牌"的殷切嘱托，进一步在城市治理的科学化、精细化、智能化上下功夫，提升数字治理的广度与深度，培育新形势下我国城市治理新优势，从而构建出高效率城市治理体系的中国方案。

（六）更有内涵的城市人文

经过改革开放四十多年的发展与沉淀，我国广大人民群众的文化自信和文化自

---

① Edward Glaeser, Jed Kolko and Albert Saiz, "Consumer city", *Journal of Economic Geography*, No.1, 2000, p.27.

觉不断增强，人民不仅在"器物"层面有了更高的追求，而且愈发期盼更加丰富、更具魅力、更有意义的精神文化生活。特别是进入新时代，人们对自我净化、自我完善、自我革新、自我提高的愿望越发强烈，对求知、审美、道德、荣誉、信仰等方面的诉求明显增多。而城市作为实现人的价值的重要舞台、促进文化发展的重要载体，既应该为实现人的价值营造更具品质、更有内涵的文化生活，也需要为促进文化繁荣创造更加宽容、更加便捷的发展空间。申言之，新时代为更好满足人民精神文化需求，必须进一步推动城市人文事业和人文产业的高质量、内涵式发展，不断提供丰富优质的精神文化产品和服务，不断推进以"尊重人民权利、维护人民尊严、关怀人民幸福、保障人民自由"为宗旨的城市人文建设。

（七）更加包容的城市文化

打造更具包容性的城市文化是新时代满足人民美好城市生活的应有之义和必然旨归。城市文化的包容性是衡量城市发展程度和城市文明程度的重要标志。亚里士多德曾谈道："人们来到城市是为了生活，人们居住在城市是为了生活得更好。"[①] 故而，城市文化创建，归根究底是为了让生活在这个城市里的人们能够感受到更好的人文关怀，体会到更强的生活归属感。纵观城市发展史，具有更高文化包容性的城市，不仅能够吸引和融合更多的各类人才聚集，促进城市本身在政治、经济、社会、文化和生态环境等领域的均衡与统一发展，从而实现城市综合实力的总体跃升，还能够在城市内部、城乡之间和城际之间建立起共生共建、共存共享、和睦发展的良好社会环境，从而提升整个社会的文明和发展程度。城市文化的包容性既在微观层面表现为每个普通居民的基本素养和言谈举止，也在宏观层面表现为整个城市的整体管理和服务水平。当然，包容绝不是无底线的纵容和放纵，而是有尺度的宽容和尊重。城市文化包容也绝不仅仅是一种理想观念，更是一种理性实践。总之，新时代只有不断提升城市文化的包容性，才能更好地化解现实中可能存在的各种矛盾，也才能有效提升整个社会的文明素养。

---

① [古希腊]亚里士多德:《政治学》（英文版），本杰明·乔伊特译，北京：中国人民大学出版社 2013 年版，第 6 页。

（八）更加广泛的资源共享

共享经济时代，资源共享已成为城市建设新风尚，从本质上讲，资源共享通过对城市资源的合理化配置，实现了广大市民对城市发展红利的共享，因此，资源共享不只具有经济学意义，还具有深刻的政治学伦理学意蕴。进入新时代，随着人民对美好城市生活需求的提升，资源共享愈显重要。一方面，资源共享有利于促进城市发展的共治、共建与共享，实现人民对社会公平正义的美好夙愿。另一方面，在城市人口膨胀化、城市资源稀缺化、城市空间有限化的现实条件下，资源共享能够以更低的成本、更有效率的方式满足人民个性化、多元化、多层次需求，进而实现人民更具品质化的生活方式。新时代我们要在坚持全民共享、全面共享、共建共享、渐进共享的原则下，加速城市资源共享化发展，让人民向着更加美好的城市生活稳步前行。

（九）更加智慧的城市服务

智慧化的城市服务是新时代人民美好城市生活的重要组成部分。近代科技革命以来，科技塑造了人民生活的全新样态，人民对美好生活新的更高的诉求愈来愈依赖科技的创新与发展予以支撑和满足。当前，伴随新一轮科技革命如火如荼地开展，以物联网、云计算、大数据、人工智能等技术为依托的智慧城市正在逐渐塑造人们新的生活观念、生活方式、生活习惯和生活需求。本质上，城市"智慧化"是指利用更加智能化、现代化、先进化的科学技术不断实现人们的城市生活朝着"便捷化""高效化"的极致化方向发展。特别是在节奏疾速、信息暴增、压力攀升的现代社会，人们的时间观念、效率意识不断增强，人们愈发期待更加便利、简捷、高效的生活方式。为此，新时代我们要不断加速科技创新与进步，扎实有效推进新型智慧城市的建设工作，同时将数字技术广泛应用于政府管理服务，不断提高城市建设和政府管理的智慧化服务能力和服务水平，在不断创造更具科技感、更有未来感的城市生活新形态的基础上，让更多人能够享受到智慧城市带来的便捷服务。

（十）更加生态的城市环境

人与自然相存相依、不可分离。人对自然有着天然、朴素、真挚的情感与向往，但城市化进程的推进却带来愈渐严重的环境问题。曾几何时，城市里"窒息的雾霾空气、冰冷的钢筋水泥、肮脏的池水废气、成堆的废弃垃圾……"一度割断了人与自然的亲密关系。随着人民生活水平的不断提升，以牺牲生态环境为代价的城市发展越来越无法满足人民对美好城市生活的期待。对于城市发展来说，经济效益与生态效益既相互对立分离，更彼此共生依存。不追求经济效益的生态保护是愚蛮、缺失动力的，不讲求生态效益的经济发展是盲目、不可持续的。因此，新时代在推进高质量城市化发展的过程中，必须更加注重城市的环境优化、不断完善城市的生态布局，努力打造更多公园城市、绿色城市、生态城市和美丽城市的同时，更要积极推动生态产业发展，"以绿色发展理念指导生产实践，构建绿色循环经济体系，着力解决突出环境问题，努力满足人民日益增长的优美生态环境和丰富生态产品需要"[1]。

四、更好满足人民美好城市生活新期待的实践

新时代更好满足人民美好城市生活需要，必须在习近平新时代中国特色社会主义思想的引领下，坚持和加强党的集中统一领导，深入贯彻以"人民为中心"的发展思想，在牢牢立足基本国情和最大实际的基础上，深入推进贯彻落实新发展理念。

（一）坚持和加强党的集中统一领导

坚持和加强党的全面领导是习近平新时代中国特色社会主义伟大事业行稳致远的根本前提，也是改革开放以来我国城市化、现代化、工业化高速推进的根本保障。新时代更好实现人民美好幸福的城市生活，必须进一步坚持和加强党的集中统一领导。首先，必须坚持和加强党在政治路线、政治原则和政治政策等方面的政治领导，这是新时代我国城市建设沿着正确道路、迈向更高阶段的重要保证。其次，必须坚持和加强党在思想路线、理论观点和精神面貌等方面的思想领导，这是新时代我国在城市化进程中面对风险考验保持定力、团结一致、斗志昂扬的思想基础。

---

[1] 王岩：《生态正义的中国意涵与逻辑进路》，《哲学研究》2022 年第 5 期，第 5-14 页。

最后，必须坚持和加强党在组织各级党员、团结广大干部等方面的组织领导，这是新时代我国在城市化进程中化解社会矛盾、破解发展难题的重要力量。

（二）贯彻"以人民为中心"的发展思想

"以人民为中心"的发展思想构成了习近平新时代中国特色社会主义思想的重要内容和厚重底色，它深刻揭示了新时代党和国家推动中国特色社会主义现代化建设的发展动力、实践目标与价值诉求。新时代为了更好满足人民美好城市生活需求，必须深入贯彻"以人民为中心"的发展思想，要始终坚持人民立场、全心全意为人民服务，不断实现更有归属感、更具舒适感、更显幸福感的美好城市生活。要始终坚持最广大人民的根本利益、把人民利益摆在至高无上的地位，要紧紧围绕统筹推进"五位一体"总体布局和协调推进"四个全面"战略布局，加快城市化建设，始终把实现好、维护好、发展好人民的根本利益作为推动城市发展的根本动力。要始终坚持一切为了人民、一切依靠人民，把造福人民作为最大政绩，把人民满意作为第一标准，要坚持问题导向，从人民最关心的问题入手，把一大批惠民举措落实到地，不断满足人民多样化、个性化、品质化的城市生活需求，让人民的美好城市生活更有获得感。

（三）牢牢立足基本国情和最大实际

我们必须清醒地认识到，当前人民物质生活水平的提高以及对美好生活需求的日益增长没有改变我国仍处于社会主义初级阶段的基本国情、没有改变我国仍是世界上最大的发展中国家这个最大实际。这要求我们，新时代更好满足人民美好城市生活新期待，一方面，必须实事求是稳中求进地推动城市化发展，坚持以经济建设为中心，同时处理好城市发展中的经济效益与社会效益之间的辩证关系。既不可冒失前行，无所顾忌地追求经济增速和规模扩张，也不能顾此失彼，不分主次地脱离经济发展大搞民生建设。既不可好高骛远，盲目发展超越经济承载能力的城市功能建设，也不能原地踏步，漠视人民日益广泛的个性化、多样化城市生活需求。另一方面，必须更加关注人民美好城市生活需求的新趋势、新动向，不断推动城市建设向高质量、可持续性发展。要坚持全面深化改革，不断优化城市治理方式、提高城市治理能力，实现城市治理的精细化、人性化与智慧化，要着力解决城市发展中的不平衡、不充分问题，有效应对城市病的产生，推动城市健康有序发展。要坚持优质增量方针，在稳定城市化增速的同时，更加注重城市化存量优化，要强化规划引导、加强技术支撑，持续推动城市内部结构的升级与转型，不断实现人民对美好城市生活的高质量、品质化诉求。

（四）深入推进贯彻落实新发展理念

新发展理念是对我国以往社会主义建设经验和发展规律的高度凝练与系统总结，是新时代实现中国特色社会主义伟大事业的科学指南。新时代要想更好更快更有效地解决城市发展难题、满足人民日益增长的美好城市生活需要，必须深入推进贯彻落实新发展理念。首先，必须坚持以创新理念引领城市高质量发展，要突出科技创新驱动作用，增强城市内生发展动力，不断开拓城市发展增长点，促进城市优质化发展。其次，必须坚持以协调理念带动城市平衡发展，要切实发挥市场在资源配置中的决定性作用、更好发挥政府在制度设计、产业布局、市场监管等方面的作用，不断实现城市内部区域、产业、供求之间平衡发展。再次，必须坚持以绿色理念推进城市可持续发展，要在"绿色、低碳、循环、集约"理念的指导下，树立绿色生产和绿色消费意识、构建低碳循环产业结构、持续优化城市生态环境，不断促进资源节约型、环境友好型城市发展。再者，必须坚持以开放理念促进城市充分发展，要坚持"引进来"和"走出去"并重发展，统筹城乡之间、区域之间一体化发展，促进要素的自由流动和资源的合理整合，集合城市自身资源优势，不断实现更充分的城市化发展。最后，必须坚持以共享理念推动城市公平化发展，进一步完善民生共建共治共享机制，充分调动人民群众参与城市治理与城市建设的积极性，不断消除同城区隔、缩小同城差距，要进一步健全城市公共服务体系、提高城市公共服务水平和服务能力，让城市发展成果更好更多更公平地惠及人民，不断实现城市居民的平等发展和共同富裕。

（马超，南京航天航空大学）

美好生活与实践方式

幸福生活的哲学思考

——实现共同富裕进程中的幸福观 *

□ 成素梅

　　党的十八大报告在六个地方提到了与"幸福"相关的概念。这是过去历届党的报告中从未出现过的。报告开篇把"增进人民福祉"与"继续推动科学发展，促进社会和谐，继续改善人民生活"等相提并论；把"共同创造中国人民和中华民族更加幸福美好的未来"作为报告的最终结语；报告把中国共产党一以贯之的"为人民服务"的根本宗旨和全面建成小康社会的美好愿望浓缩为使"人民幸福"的普适理念，把"人民幸福"看成是衡量我国经济增长的基本要素之一，看成是评价共产党的执政能力的有效标准之一，看成是发展社会主义道路的核心指标之一。[①] 报告字里行间所蕴含的使"人民幸福"这一理念虽然貌似普通，但却是关心民生的新表现与新理念，把改善人民生活的宗旨，从物质层面提升到精神层面。人民幸福也是共同富裕的精神要义。2021 年，习近平总书记在《求是》发表的"扎实推进共同富裕"一文明确指出，共同富裕是一个总体概念，是人民群众物质生活和精神生活都富裕。这就向我们提出了一个亟待深入研究的时代命题：什么是幸福？ 如何才能达到幸福？ 或者说，中国共产党在带领全国人民全面建成小康社会和实现共同富裕的进程中，应该引导人们确立什么样的幸福观？ 本文尝试着从剖析幸福、休闲与劳动

---

* 本文核心内容发表于《毛泽东邓小平理论研究》2013 年第 6 期。

① 胡锦涛：《坚定不移沿着中国特色社会主义道路前进 为全面建成小康社会而奋斗》，《人民日报》2012 年 11 月 18 日第 1 版。

三者关系的视域，就此问题发表管见，以求抛砖引玉。

一、从物质幸福到精神幸福的提升

2012 年，中央电视台曾就"你幸福吗"的问题进行过街头采访。记者的问题只有一个，而群众的回答却千差万别。这说明，幸福的问题既简单又深奥。之所以说简单，是因为这一问题与每个人的日常生活休戚相关，也与每个人的每个成长阶段密不可分，男女老少都能说出自己的理解；之所以说深奥，是因为古今中外对这一问题并没有一个共识性的答案，也无法提出共同的指标来加以判断。当然，达不成共识，并不等于说人类智慧之贫乏，无法提供统一的回答或标准，也不能证明这一问题没有意义。而是说明，这一问题的答案本身是动态的、多元的、因人而异的、因时代而异的、因条件而异的、因环境而异的。幸福是相对于感受主体而言的，其范围极其广泛：可以是一个条件的满足、一种理想的实现、一个意外的收获、一种亲情的体验，也可以是一个追求过程、一种思想境界。幸福与具体的事实相关，但更与人的心理、修养、追求等因素直接相关，也不会游离于国家和社会之外。我们对幸福的理解与感受，既随社会、经济、文化等条件的变化而变化，也随个人的满足标准的变化而变化，还随自我修养、思想境界、思维方式以及内在需求的变化而变化。

幸福是一个跨学科的概念，可以从各种不同的视域与不同的层面来讨论。心理学家通常把人的幸福与人的情绪状态联系起来，认为幸福是由积极的或愉悦的情绪所刻画的一种心理状态或情绪状态。这些情绪状态的范围很广，包括人的某种欲望的满足，感到快乐和喜悦以及获得成功等。然而，这种幸福观在一定程度上降低了人的幸福层次，因为一条宠物狗在得到喜爱的食物时，也会表现出欢快、喜悦的样子。这种幸福观不能把积极进取之人与智障者、无知者以及没有进取心的人区别开来，因为对一个人来说是幸福的一件事，对另一个人来说未必如此。这种幸福观无法把至善的幸福与邪恶的幸福区分开来，一位吸毒者在毒瘾发作时，能够获得毒品，是一件非常兴奋的事情；小偷在偷盗成功时，也会感到快乐，这些人的幸福，显然是违法的、邪恶的、病态的、有害于他人和社会的。因此，用情绪状态来理解幸福，无法揭示幸福的内在本质。

美国经济学家保罗·萨缪尔森（Paul A. Samuelson）把幸福看成是效用与欲望之比：幸福与商品的效用成正比，与个人的欲望成反正，当欲望既定时，效用越大，越幸福，当效用既定时，欲望越小，越幸福。因此，节制欲望，追求效用，成为提升的幸福途径之一。而这一公式成立的前提假设是，人的欲望都是正当的、善的、能够有所节制的。但如何节制欲望却不是经济学研究的主题。在发展经济的过程中，当人的欲望无限膨胀时，欲望就变成一切罪恶之源。2008 年，肇始于美国并波及全球的金融危机，在很大程度上，并不在于经济，而在于人心；不在于贫穷，而在于贪婪；不在于发展，而在于投机。然而，商品或事件的效用也是相对而言的，既与人的需求相关，也与赋予的意义相关。通常情况下，当人们的生活达到小康水平时，物质财富的边际效用会随之降低，快乐的物质化程度也会降低，随之而来的是，依靠物质财富来提升幸福感的力度必然会减弱，人们的幸福感开始从重视物质转向重视精神。在马斯洛的需要层次理论中，物质需要是人的低层次的需要，而精神需要才是人的高层次的需要。因此，经济学家心中的幸福观同样不能揭示幸福的内在本质。

在启蒙时代之前，人们的欲望主要通过道德教化与宗教戒律来规范，并用幸运、智慧、德行与上帝来填充幸福的内涵。苏格拉底认为，道德之人才是幸福之人，知识是人们获得幸福的关键；柏拉图认为，情绪上的快乐和幸福是两回事，单纯的感情快乐不是真正的幸福，用智慧和德性去追求美德和至善，才是幸福；亚里士多德认为，幸福是合乎德性的现实活动，是通过努力得来的，伦理学是使个人幸福的科学，政治学是使集体幸福的科学；而康德则认为，伦理学并不是幸福学，而是教人如何配享幸福，只有拥有德性之人，才配拥有幸福，因此，德性是幸福的前提。儒家幸福观的典范是安贫乐道，就像《论语·雍也》中描述的“一箪食，一瓢饮，在陋巷，人不堪其忧，回也不改其乐”那样。这是一种强调“以道为乐”“与道合一”的精神境界的精神幸福。

这说明，真正的幸福既不是享乐主义的幸福，也不是禁欲主义的幸福，而是有益于个人成长与社会和谐的幸福，是积极的和至善的幸福。正是从这个意义来看，党的十八大报告把使“人民幸福”作为全面建成小康社会的一个指标来强调，就具有重大的现实意义与理论价值。当前，我国的发展令世人瞩目。随着物质生活水平的提高与城市化建设步伐的加快，中国人民的价值观与生活方式也在不断地发生变化。在这一变化过程中，不论是从现实生活的事实判断出发，还是从个人感受的价值判断着眼，从物质幸福到精神幸福的提升都是显而易见的。

从生活形式来看，以提高修养、提升境界、发展兴趣为核心的休闲式生活的边际效用正在逐步增加。这样就把幸福的生活与休闲式的生活联系起来了。我国从1995 年 5 月 1 日起开始实行每周 5 天工作制，1999 年，开始执行"黄金周"的长假制度，在 2012 年国庆节期间，政府又出台了"黄金周"小客车免收高速通行费的政策。这些举措无疑为我们提供了更多的休闲时间，起到了拉动内需、刺激消费和开发假日经济的作用，也在客观上提升了人们的精神幸福感。而当我们把自己的幸福感交给休闲式的生活时，随之便带来了另一个看似容易实则复杂的问题：什么是休闲？ 如何理解休闲？

二、休闲观与生命意义的提升

"休闲"的英语表达是"leisure"。"leisure"源于拉丁文"licere"，意思是"to be permitted"，在现代字典里定义为"freedom from occupation，employment，or engagement"，即摆脱占有、雇佣或约束的意思。"休闲"的希腊语表达是"schole"，而"schole"是英语中我们常说的学校"school"的最初含义。因此，从定义上来讲，休闲除了具有从占有、雇佣和约束中解脱出来的意思之外，还隐含有"教养"的意思。

休闲的这层含义在亚里士多德的思想中体现出来，甚至美国休闲哲学家托马斯·古德尔（Thomas Goodale）等人把亚里士多德尊称为是"休闲学之父"。[1] 在亚里士多德看来，人的休闲是终身的，而不是指一个短暂的时段，是真、善、美的组成部分，是人们追求的目标，是一切事物环绕的中心，是哲学、艺术和科学诞生的基本前提之一，是"为了活动本身进行活动的一种存在状态"。亚里士多德还把休闲与幸福联系起来，把伦理学看成是使个人幸福的科学，把政治学看成是使集体幸福的科学。他认为，人们追求满足欲望，追求获得财富、名誉、权力，都是为了达到幸福。休闲是维持幸福的前提。人的抱负介于贪婪与懒惰之间；人的勇敢介于鲁

---

① [美]托马斯·古德尔，戈弗瑞·戈比：《人类思想史中的休闲》，成素梅、马惠娣、季斌、冯世梅译，昆明：云南人民出版社 2000 年版，第 25 页。

莽与胆小之间；人的友谊介于争吵和奉承之间。这种强调凡事要适度的思想，反映了古希腊精英知识分子的休闲哲学。这种休闲观被称为经典休闲观。

20 世纪 60 年代，德·格拉齐亚（Sebastian de Grazia）和乔森·皮普尔（Josen Pieper）复兴了亚里士多德的休闲观。这种休闲观把休闲看成是"一种生活方式"，一种为了自身的缘故而从事活动的轻松感，强调人们在活动中只享受活动本身和活动过程，而不是为了达到活动之外的其他任何功利性的目标；二是强调在活动中体现出以"关心自己"为目标，即，在具体的生活实践中关心自己的修养与生活品质的提升。

当我们把休闲作为一种生活方式和存在方式来理解时，是把"休闲"作为一个动词来使用，作为生活过程来对待。这种休闲观在境界和内涵上已经超越了工业时代以追求物质利益最大化为前提的休闲观，能够为我们重塑智能化时代的休闲观提供智慧与洞见。休闲至少有四个功能：一是放松身心；二是获得劳动之外的满足；三是丰富生活体验；四是增进个人的身心发展和提升生命的意义。但是，休闲也有否定的一面，也有异化的情况。索尔斯坦·凡勃仑（Thorstein Veblen）在《有闲阶级论》（*The Theory of the Leisure Class*）一书中就描述了一批有闲阶层的人所持有的一种异化的休闲观。凡勃伦所说的这些人是摆脱了生活贫困的富裕阶层的人，即很少参加或根本不参加生产性劳动的那些人。这些人的有闲是一种职务，他们要为自己的有闲付出代价。他们把有闲看成是一个特权和地位的象征，他们不是依靠提高内在修养、见识与优雅的行为举止赢得他人的青睐与尊敬，而是在金钱文化的诱导下，靠标签式的炫耀消费来标榜自己的社会地位和财富。这种消费模式不是以需求为目标，而是以一种刻意的模仿与矫情为前提。这些现象在我国现阶段也很常见。与这种休闲方式联系在一起的幸福，无疑是一种扭曲的、异化的幸福。

在日常生活中，我们通常把休闲理解为劳动之后可以用来自由支配的时间，即指空闲时间或业余时间。这种理解把时间划分为两个相互排斥的部分：劳动时间与业余时间。这种区分把占用业余时间来工作看成是需要得到补偿的。这样，我们就潜在地把工作理解为是强迫的和负有责任的，具有优先性，而把空闲时间理解为是剩余的或可以"挣来"的另一种形式的财富。比如，加班工作后必须得到"时间补偿"或经济补偿，即获得劳动之外的时间奖赏或应得的加班费。但这种理解不适用于失业人员。因为对于失业者来说，他们拥有的空闲时间是虚假的，是无法享受的，也是不希望拥有的，他们更不会为此而感到幸福。把休闲理解为"工作之余"的另一个困难是，易于把自由时间的追求变成目的本身，结果，在这段时间里干什么反而变得不重要了。除此之外，闲暇时间的利用变成了商家进一步开发并能带来经济效益的一个目标，即消费自由时间，从而使时间概念拥有了经济内涵。于是，我们有了"时间就是金钱"的口号，时间反而变得越来越珍贵。因此，从业余时间的角度理解休闲既不适用于所有的人，也无法揭示幸福与休闲之间的内在相长关系。

我们通常也把休闲理解为是在自由时间内所从事的非工作性质的活动。这种理解不是划分时间，而是划分活动，即把活动区分为工作性质的活动与非工作性质的活动。这种区分不是根据活动本身的性质来确定的，对于一些人来说是休闲的活动，对于另一些人来说却是服务于某些特殊功能的工作。比如，在旅游与娱乐活动中，对导游等服务人员来说，是一项工作，是在进行劳动，但对参与者来说，是为了身心的放松。读书、听音乐以及盛行的各类体验式活动，也是如此。这种理解虽然避免了作为闲暇时间的休闲定义之不足，但却把休闲看成是有目的的，而不是休闲本身。因此，在这种理解中，尽管休闲本身没有问题，但却不会使我们真正发现休闲的潜能。我们也难以自觉地意识到，拥有休闲的心态事实上比在劳动时更能解救人的灵魂。虽然娱乐活动从来都是人的生活中的一个重要方面，也与人的幸福感密不可分，但如果把休闲仅仅理解为娱乐活动，可能会极大地降低休闲的地位与作用。事实上，休闲是比娱乐活动更广泛的一个概念，休闲与所有能使人感到有放松作用的、在个人兴趣引导下的、有意义的活动相关，而娱乐只是这些活动的一部分。

我们还可以把对休闲的理解与人的动机与心态的考察联系起来，把休闲理解为是人们在受内在动机的驱使下能够感到自由的一种心理状态。在这里，"感到"这个概念是一种个人的内心体验，同样的事情或活动，人的感觉是不一样的。这种理解有两个约束变量，一是运用"感到自由"来区分休闲与非休闲状态；二是进一步根据"动机"的性质来限定休闲活动。通常情况下，当我们把在活动中得到的满足看成是源于活动本身，而不是源于外在的奖赏时，这种活动被判断为是受内在动机驱使的活动；当我们把在活动中得到的满足看成是来自外部的奖赏时，即活动本身不是奖赏，而是由于从事活动而得到了奖赏时，这种活动就被当作是受外在动机驱使的活动。这种理解显然在一定程度上淡化了劳动与休闲之间的区别，强调了休闲感觉的个体性，揭示了人的内在动机对提高活动质量和发挥主观能动性带来的积极影响。

当然，这里所讨论的活动是指那些在法律允许的范围内有益于人的身心健康、有益于提高人的生命质量与生活意义，以及有益于促进社会和谐和生态文明的活动。对于大多数人而言，过去最有意义的活动是确保生存，或者说，达到无忧的衣、食、住、行是近代以来人类追求的无可置疑的首要目标。但是，当我们在实现这一目标的过程中面临着新的生存危机与异化的生活方式时，我们才发现，从根本意义上把人类文明的发展只定位于物质满足，是何等的狭隘与危险。现在最有意义的活动是能够确保人们通向幸福，达到愉悦的生活状态。愉悦的生活状态是一种能够把劳动与休闲整合起来的生活状态。这种整合会带来一系列价值观与发展观的改变，而这些改变首先体现在如何看待休闲、游戏与劳动的问题上。

三、休闲、游戏与劳动的融合

我们可以在两种意义上使用幸福与休闲概念：一是作为名词来使用，把幸福与休闲理解成是一种拥有的东西；二是作为动词来使用，通常与一种体验和一个过程联系在一起。在第二种意义上，幸福与休闲就不再是与劳动或工作相对立的概念，强调的是生命意义与内在驱动力，更能与人的兴趣爱好联系起来。这两种理解之间的区别实际上是把幸福与休闲理解为一个结果还是理解为一种体验之间的区别；是基于消费与占有的社会还是基于个人成长与追求生命意义的社会之间的区别，是通过对所有社会资源的无尽开发最终将会走向崩溃和毁灭的世界还是通过与自然界的和谐发展得以成长的世界之间的区别。[1] 在第一种用法中，幸福与休闲是从事游戏娱乐的前提，不会感到幸福或没有闲暇时间，就自然谈不上游戏和娱乐活动。在第二种用法中，游戏娱乐活动与工作有可能统一起来，因为当把幸福与休闲作为一个过程和体验来理解时，过程之中的获得将有可能变得比目的本身更重要。

在儿童的心目中，游戏与劳动是没有区别的。儿童眼里的游戏，有时会成为成

---

① John Neulinger, *To Leisure: An Introduction*, Boston: Allynand Bacon, 1981.

年人眼里的劳动，甚至成年人认为是辛苦的事情，儿童有时却会感到快乐、有趣和幸福。在日常生活中，这方面的事例并不少见。游戏与劳动的最大区别在于，活动本身的性质与动机。游戏的性质与动机是内在的，是受个人兴趣引导的。游戏有可能激发出人的全部潜能，有助于发挥人的主观能动性，当把劳动本身内化为一种有乐趣的活动形式，并被当作游戏来进行时，就会把幸福的体验贯穿于其中，使经济的回报不再成为唯一的追求目标。

在这种意义上，强调幸福与休闲的重要性，并不意味着降低劳动的重要性。强调休闲式的幸福生活，并不是意味着替代劳动。劳动本身提供了无尽的挑战，是人成长的标志，也伴随着人的动机的重建。没有工作的人肯定是不幸福的。人们渴望获得一份工作就像渴望获得食物一样，工作携带着与人的自尊密不可分的目标与成就感、有用感。问题不是以放弃劳动为代价来倡导休闲和理解幸福，而是如何学会休闲式的劳动。只有在休闲式的劳动中，才能把外在动力内在化。当人们不是为了外在奖赏而工作，而是为了活动本身的乐趣与成就感而工作时，休闲、游戏与工作就会达到三位一体的理想境界。在这个过程中，人的灵魂就能够得到更彻底的释放。因此，人们只有在休闲时，才能成为自己真正的主人，才能有助于获得自尊与平等，有助于超越功利世界，有助于为克服人的内在贫困提供永恒的机会。

受内在价值驱使是指所从事的活动完全是出于喜欢与兴趣，是受活动本身的吸引，希望从活动过程中获得乐趣；受外在价值驱使的活动是指活动本身不是奖赏，而是获得奖赏的前提，即活动成为一种手段，一种为了实现某种目标的途径。在现实生活中，完全由内在动机驱使的并能感到自由的活动显然是人们喜欢追求的一种理想状态。拥有这种状态的人是把劳动作为一种游戏来做的，并在游戏式的劳动中获得内在的乐趣与愉悦，甚至为了获得这种内在的乐趣与愉悦，自愿付出时间、金钱等努力，从而使劳动本身成为一种生活方式；另一种极端情况是完全受外在动机的驱使并深受各种约束的活动，这是人们最不喜欢的或者最不希望的状态，是一种纯粹的劳动。这当然是两种极端情形，更普遍的情形是介于两者之间的各种中间状态的工作，即既受内在价值的驱使也受外在价值的驱使的工作。它们之间的关系人如表1所示：

表1　心理状态与内外在价值驱使之间的关系

心理状态	内在驱使	内在驱使与外在驱使	外在驱使
感到自由	纯休闲 成为一种生活方式	休闲——职业 休闲型职业	休闲——劳动 休闲型劳动
感到约束	纯职业 成为一项事业	职业——劳动 职业型劳动	纯劳动 不得已而为之

本文对休闲与劳动进行这种分类的目的主要是为了强调，在当今社会，要想走出工业文明带来的困境，必须超越唯经济的物化判断标准，有意识地把提升生命意义和成就感的维度增加到我们对一项活动或职业价值的评判中。休闲式的劳动是一种积极主动的体验型劳动，这种劳动不仅需要能够作为一种生活方式来追求，而且还能够最大限度地发挥人的主观能动性。

显然，这样的休闲观已经超越了单纯把休闲等同于自由时间或游戏娱乐活动的定义，重点强调把休闲与人的幸福感和生命意义的追求联系起来，真正体现出让人能够"感到自由"与"有教养"的休闲含义。这里所说的"自由"不是随心所欲的无条件的自由，而是指受自然条件、社会公德和法律约束的有条件的自由，也是指人们能够具备的做事能力的自由。强调人的幸福与休闲的文明是以追求人的全面发展与有教养的行为举止为核心的文明，是以人、自然、社会和谐发展的绿色文明或生态文明为目标的文明，是追求人的生命意义最大化的文明。

所以，在劳动与休闲的关系中，问题不是以放弃劳动为代价来倡导休闲，而是在扩展劳动定义的情况下，如何学会把对兴趣的追求与成长的愿望内化在劳动过程中，使劳动本身变成由内在价值驱动的活动，并以休闲的心态来从事劳动。

四、追求整体论的幸福观

由社会发展依赖于科学技术的发展而发展，转向受科学技术的驱动来发展时，人类将会迎来真正的休闲社会，但问题是，我们却远远没有做好迎接休闲社会到来的思想准备。这是因为，休闲带来的问题是与人的修养、追求、境界等相关的问题，是与转变生活方式和社会发展模式相关的问题，是如何树立良好的社会风尚与社会道德的问题，也是如何使人得到充分发展并感到精神幸福的问题。因此，如果说，我们发展经济的能力是对人类文明的第一次检验的话，那么，我们运用休闲的能力则是对人类文明的更重要的又一次检验。

我们获得幸福与休闲的过程，是从他人的外在控制与指引走向自觉控制与自律的过程，是通过自我完善和自我认识，学会为自己负责、为他人负责、为社会负责并在有所担当与有所作为的前提下获得自由并发现意义的过程，也是对幸福与休闲的认识由被动转向主动的过程。如果这个过程得以开始，我们的社会就会变得更加和谐，我们的世界就会变得更加平和。毋庸置疑，中国特色的社会主义社会就是为中国人民能够过上如此生活的社会。

当社会的发展进入到以追求幸福与休闲为中心的时代时，我们就会自觉地发现，在有生之年如何成为有用之人的问题，事实上，是每个人都需要面对的一个更加重要和更有挑战性的问题。不管社会多么富裕，政府多么民主，人民多么睿智，一个减少人类的需求和有用机会的社会是一个荒谬的和没有价值的社会。人们只有在休闲的状态中，才能成为有用之人，才能最大程度地发挥自己的创造力，才能有机会使自己成为追求高尚与卓越的人。这样的人才是一个真正幸福的人。

在全面建成小康社会和实现共同富裕的过程中，我们不仅需要大力发展经济建设，而且更需要吸取西方发达国家的经验教训，通过制定基于幸福的政策，重塑和复兴建立在简化物欲与充实精神之基础上的中国人的传统幸福观，为人们营造一个乐于追求高尚精神、正确理解生命意义、善于提升自觉意识的社会氛围。这无疑也是我国全面落实中国共产党的各项方针政策，从实际出发、构建和谐社会、践行科学发展观、建成小康社会和实现共同富裕的题中之义。

这是因为，休闲是指能够自由地过美好生活的能力。我们在休闲时，所考虑的问题不是"我们应该做什么事情"，而是"我们应该成为什么样的人"和"我们应该过怎样的生活"。当我们把如何才有可能得到最美好的生活和有意义的生命体验作为选择目标时，我们的注意力就不再是关注责任和义务的问题，而是关注个人兴趣与社会担当的问题。这样，我们回到生活世界，重塑休闲概念的过程，是鼓励我们在日常生活中从主要关注道德，即责任层面，转向主要关注更广泛的伦理，即探索美好生活的层面。

在这个过程中，当个人的能动选择与社会的积极引导融为一体时，我们就会发现，休闲赋予了生活全新的格调。德谟克利特强调："人既不是借助于肉体，也不是通过占有，而是通过公正和智慧来找到幸福。""幸福是一种通过对行为、享乐和节制、对愿望的制约及避免对世俗占有物的竞争而获得的一种安宁的快乐。"① 在福柯（Michel Foucault）看来，"必须关心自己"这个原则是希腊文化中的一个古老格言，关心自己是"关于自身、关于他人、关于世界的态度……也是某种注意、看的方式。关心自己包含有改变他人的注意力的意思，而且把注意力由外转向'内'……关心自己意味着监督我们的所思和所想的方式"②。

另一方面，当我们考虑什么样的休闲生活是值得追求的生活时，就必然会涉及道德和伦理问题。因为有些能够给人带来快乐和美好的生活方式，却并不一定是合法的或值得追求的，比如，赌博、色情等活动。当我们决定了值得过怎样的生活时，还会进一步考虑，如何营造能够实现这种生活的社会环境和构建相应的社会制度，如何选择最有可能达到这种美好愿望的政府治理体系，如何使自然、环境、艺术、建筑、绿地、公园等元素在美好生活中发挥协调作用等一系列问题。因此，当我们将休闲看成是追求美好生活的核心时，休闲就不仅是个人的问题，而且也涉及城市规划、教育设置、社会建制、文化氛围和政治导向各个方面。当我们能够自觉地回到生活本身来理解休闲时，我们就可以借用马克思的话来说，这种理解"不是从原则出发，而是从事实出发"。

对于人类而言，美好生活是指克服了所有生物性的幸存所具有的先天欲望意义上的"美好"，而不是维持生命的生物性需求。因此，休闲开始于我们对美好生活的向往，是积极的人生态度与生活选择。基于休闲来创造美好生活的活动，与纯粹的技术制作活动正好相反。在技术制作活动中，工匠是根据事先规划好的蓝图或预定目标获得预期结果，而通过休闲创造的生活却是在过程结束之后，结果才会显现出来，或者说，在过程展开之时，结果是未知的、多元的、不确定的，结果只是过程的产物，而不是预先设计好的或注定会达到的预期目标。因此，休闲式的生活和劳动是带有不确定性的、具有无限可能和充满挑战的、有能力拥抱多元性的生活和

---

① [美]托马斯·古德尔、戈弗瑞·戈比:《人类思想中的休闲》，成素梅、马惠娣、季斌、冯世梅译，昆明：云南人民出版社 2000 年版，第 25 页。

② [法]米歇尔·福柯，《主体解释学》，佘碧平译，上海：上海人民出版社 2005 年版，第 35 页，第 10 页，第 12 页。

劳动，而不是通过某种因果规律来预测的注定有确定结果的单调的生活和劳动。

当我们回到生活本身来理解休闲与劳动时，不仅有助于积极地表达对未来美好生活的憧憬，而且带来了对工业化发展模式的格式塔式的改变或改造。这种超越以劳动为导向的休闲观和以经济利益为核心的劳动观，不仅要求我们自觉地重塑敬重自然的发展观，将世界作为一个整体来考虑，使我们自己成为面向整个存在的个人，达到人与自然、人与社会、人与他人、人与自己的四重和谐，而且我们基于这种理解所重建的社会，将会更有助于人的成长，更有可能将技术的发展从一开始就扎根于人文关怀的土壤之中。

因此，休闲不是为了劳动的缘故而存在。在以人工智能技术为核心的智能革命深入开展的今天，我们只有以休闲的方式来从事劳动，才能理解马克思关于使劳动不再只是人的谋生手段，而是成为人的"生活的第一需要"，成为人的自由本质特征的体现，成为与人的成长过程相关联的一个组成部分等断言的真正含义。这样，我们对休闲的追求就不再是对劳动的排斥，反而是成为劳动的新境界，成为内在于劳动过程的愉快地展现人的生活意义和精神面貌的积极历练。

五、结语

总之，智能革命正在颠覆在工业时代形成的一切，正在使人类彻底地从繁重、危险、单调、缺乏创造性等劳动形式中解放出来，为人类追求自由发展提供了现实可能。智能社会是一个机器人化的社会，智能经济社会是一个从物质生产自动化拓展到思想产生自动化的经济社会。这种机器人化和全球化的发展趋势，需要我们重新定义劳动概念，重新塑造休闲价值观，重新设置社会契约和分配制度，重新建构推动终身学习和促使劳动与兴趣融为一体的制度框架，重新创建防止社会失控的运行机制，避免暴发"新的卢德运动"。从这个意义上说，重塑休闲观来迎接智能化时代的过程，也是伴随着政治、经济、社会和文化全面改革的过程。因此，如何过好普遍有闲社会的幸福生活是对人类智慧的全新考验。

（成素梅，上海社会科学院）

美好生活语境下现实问题对大学生思想价值观念的影响及应对[*]

□ 张　燕

　　思想价值观念离不开物质生活与社会实践活动。现实问题源于社会生活，对青年大学生思想价值观念带来直接冲击与挑战。即便是对大学生思想价值观念影响居首的多元社会思潮，据有关调研数据显示，产生影响的主要原因即"现实针对性强"，大学生认为这些思潮可以解释和揭示社会现实^①。有必要结合社会生活场域和个体生活境遇去认知与把握青年大学生思想价值观念的变化。迈入新时代，我国面临的是人民日益增长的美好生活需要和不平衡不充分的发展之间的矛盾。"在新时代的时空背景下，美好生活是人的内在需要、生活理想与生活样式的统一体。"^②"美好生活"成为探析现实问题影响大学生思想价值观念的又一语境。这也是对教育"真善美"本质的呼应。

---

* 本文系马克思主义理论研究和建设工程 2021 年度重大项目"当代大学生主流价值观特征和变化趋势研究"子课题"当代大学生主流价值观的发展变化与思想政治理论课改革创新研究"阶段性成果；上海市哲学社科规划项目"红色档案资源的循环联动开发模式研究"（项目编号：2020BTQ003）研究成果。

① 王娟：《社会思潮与大学生主流意识形态认同》，天津：天津人民出版社 2017 年版，第 229 页。
② 项久雨：《新时代美好生活的样态变革及价值引领》，《中国社会科学》2019 年第 11 期，第 4-24 页，第 204 页。

一、美好生活：现实问题的时代语境

自人类社会诞生以来，"美好生活"就吸引着先哲前贤的目光。马克思认为，作为展开全部社会生活的前提，日常生活具有本体论的意义①。新时代美好生活的话语出场是理论创新和社会实践交织演进的结果。现实生活是大学生思想价值观念扎根成长的土壤。这也体现出对现实问题的考量是大学生思想政治教育的题中之旨。"大思政课善用之"，要求不仅需考察大学生思想价值观念"是什么"的状态，同时也要将视线拓展到大学生日常生活实践，探寻思想价值观念如何从社会生活中生产出来，回答"为什么"的问题。包罗万象、层出不穷的现实问题构成了现实世界的基本生活样式。当前我国主要社会矛盾发生变化，对美好生活的需要不仅指向更高更好的物质文化生活，"而且在民主、法治、公平、正义、安全、环境等方面的要求日益增长"②。美好生活既是个体的向往与追求，也是社会的目标与价值。

（一）美好生活与现实问题的耦合互构

从对大学生思想价值观念的影响和关联来看，美好生活与现实问题存在一种耦合互构的共生关系。现实问题以美好生活为目标和出发点，现实问题的产生源于美好生活需求实践中的矛盾与冲突。"全面性、主体性、公共性、稳定性和发展性"是"美好生活不可或缺的'质的规定性'"③。美好生活自身的内涵特性与现实问题的主要特征存在有机关联和互构关系，这也成为理解现实问题对青年大学生思想价值观念影响的重要维度。

第一，美好生活的全面性与现实问题的相对性。美好生活归根结底是现实的人的美好生活。作为参与现实社会关系的有灵魂的生命个体，人对美好生活的需要是多层次的。美好生活本身是全面的、多维的，其内涵随着经济社会的发展不断得到

---

① 汪倩倩：《扎根生活世界：新时代社会工作的范式转变与实践逻辑》，《学海》2020年第3期，第59-62页。

② 习近平：《决胜全面建成小康社会 夺取新时代中国特色社会主义伟大胜利——在中国共产党第十九次全国代表大会上的报告》，《人民日报》2017年10月28日第1版。

③ 刘志洪、魏冠华：《美好生活的本质规定与当代特质》，《马克思主义与现实》2022年版第1期，第41-49页。

丰富和扩充。马克思主义哲学所关怀的"人"是"现实的个人"。人是生活中的人，"是处在现实的、可以通过经验观察到的、在一定条件下进行的发展过程中的人"①。作为参与现实社会关系的有灵魂的生命个体，青年大学生对美好生活的需要关涉教育、社会保障、发展机会、公平公正、情感尊严、生态环境等诸多方面。受主体自身因素和社会情境影响，青年大学生面对的现实问题具有显著的相对性，因人因事而异。即便对于同类现实问题，也存在程度参差、各有侧重的个性化差异。这也为研判青年大学生追求美好生活的主要矛盾和次要矛盾，针对性、差别化应对现实问题所造成的思想价值观念影响提供了分析思路。

第二，美好生活的主体性与现实问题的复杂性。对美好生活的向往与追求贯穿人类社会发展演进历程，人的历史就是人的需要得到满足又不断产生新的需要的过程。马克思指出："全部历史是为了使'人'成为感性意识的对象和使'人作为人'的需要成为需要而准备的历史（发展的历史）。"② 人的需要是联结美好生活与现实问题的枢纽。尽管美好生活的需要处于流变之中，因时因势而变，但总体上具有明确的主体特征和价值目标指向性。美好生活的价值向度与社会主义核心价值观具有高度同一性。美好生活需要包括个体生存的自然需要和"人作为人"的全面自由发展的社会需要。价值观也是利益观的体现。美好生活需要具体表现为多元现实利益的表达。从整个社会的美好生活需要出发，集中代表最广泛人民群众的根本利益。对应于美好生活需要，现实问题有着鲜明的利益相关性。当代青年大学生身处社会变迁时期，面临的现实问题来源广泛、形式多样，错综复杂，赖以解决的社会支持系统又具有相对局限性，现实问题更加复杂难解。

第三，美好生活的发展性与现实问题的波动性。美好生活在实践内涵和实现方式上富有多重可能，具有充分的时空延展性和发展性。在我国仍处于社会主义初级阶段的基本国情下，对美好生活的追求是漫长的过程，美好生活的评价要素与指标也将与时俱进、迭代更新。其间，现实问题共时存在且动态变化发展，在长时段对青年大学生施加影响，绵延不止，并伴随个体社会化的过程成为一种生活常态。现实问题因时势所异和个体境遇不同，其间也会发生程度各异的波动。由于知识结构、个性差异、成长经历等的不同，不同时期、地域空间的青年大学生对现实问题

---

① 马克思、恩格斯：《马克思恩格斯选集》（第 1 卷），北京：人民出版社 2012 年版，第 153 页。
② 马克思、恩格斯：《马克思恩格斯选集》（第 1 卷），北京：人民出版社 2012 年版，第 194 页。

的关注点与侧重点不一。如大学新生与毕业生对学业、就业等现实问题的认知与体验呈现明显的时段性特点。另有突发性、偶发性的社会现实问题以及家庭变故、人际关系变动等问题，均可能使现实问题的迫切性与优先级发生大的波动。

（二）现实问题的主要类型

美好生活既具有个体意义，更具有社会意义。与之相应，影响大学生思想价值观念的现实问题主要来自个体和社会两大层面，相对独立又有机联系、彼此贯通。不同维度的现实问题勾连交织、互相影响，显现为复杂的现实问题图谱。

一是社会现实问题。对应于生活世界的多重维度，社会层面的现实问题包括经济、政治、文化、生态、道德等诸多领域。改革开放以来的社会转型与变迁，成为青年大学生形成外部认知与实践体验的时代语境。在"中国之治"不断推进的同时，一系列关乎国家发展和人民美好生活的重大民生问题进入公众视野，如国家安全问题、经济发展问题、教育机会问题、社会保障问题、社会公平问题、文化发展问题、生态环境问题等。2021 年习近平总书记宣告小康社会全面建成。随着物质绝对贫困的消除，美好生活发展也进入新的阶段。以经济领域为例，在国际局势、新一轮科技革命、全球新冠疫情等各因素叠加影响下，全球产业竞争格局迎来深刻变革。作为全球制造业大国的中国，面临着逆全球化浪潮下日趋激烈的"双向挤压"，对社会生产和人民生活产生影响，包括青年大学生关注的就业问题等。一系列的社会现实问题相互作用，不断演化变动，处于持续复杂运行状态，并在特定条件下突显或淡出，成为形塑青年大学生思想价值观念的重要力量。

二是个体现实问题。人是现实的社会中的人。就个体而言，美好生活是人的物质、精神需要不断得到满足，最终实现人的自由全面发展的生活。"生活的真正意义在于从物质中超拔出来而实现精神的丰富与完善。"[1] 影响青年大学生思想价值观念的个体现实问题主要取决于个体需要，关涉大学生的现实生活境遇与对美好生活的目标期待两方面。个体现实问题纷繁芜杂，归结起来主要有四类具体问题：一是学业问题。学业为本，部分大学生存在程度不一的学业问题或障碍。二是就业创业问题。就业是大学生走向社会的通道，事关切身利益与个人发展，创新创业、职业

---

[1] 张三元：《论美好生活的价值逻辑与实践指引》，《马克思主义研究》2018 年第 5 期，第 83—92 页，第 160 页。

生涯困惑、就业焦虑、就业落差等问题较为普遍。三是人际关系问题。青年大学生已开始面对各种社会人际交往，人际关系的疏离左右着情感、道德与认同。四是家庭问题。家庭作为社会有机体的基本单元，家庭结构、成员关系、经济状况等因素对大学生人生观、世界观、价值观有着重要影响。这四方面问题往往又具有彼此关联性，使得个体现实问题更为具体而实际。

二、现实问题对大学生思想价值观念的双重影响

现实问题是美好生活中矛盾与冲突的集中反映。在这一精神对垒中，现实问题宛若一把双刃剑，既可能起到坚定理想信念、鼓舞奋斗精神的激励作用，也有可能从思想疑问、困惑演化为偏激或错误思想观念，偏离为美好生活目标而奋斗的方向。

（一）现实问题的正向激励

其一，增进现实理解，坚定"四个自信"。现实连接着历史与未来。现实问题是青年大学生认知社会，了解世情、国情、党情、地情的窗口，可据此加强对历史经验的选择判断。其二，促进知行合一，提高政治鉴别力。对现实问题的探究有利于增强青年大学生认识问题、解决问题的能力，推动"知行合一"。结合社会现实明辨不良价值观念实质，以现实为鉴，让错误言论和舆情不攻自破；同时，现实问题也可促使青年大学生在社会大课堂中增长才干，增进爱国心、报国情、强国志。譬如，大学生在参与社会民主生活中，得以体验全过程人民民主，培育政治素养。其三，推动自我完善，实现全面自由发展。毛泽东一贯注重学习"无字之书"和"有字之书"。当下存在一系列鲜活的现实问题，如扶贫攻坚、高质量乡村振兴、人类命运共同体等。这有助于培育社会主义核心价值观，磨砺品质，激发青年大学生对自身、家庭和社会的责任意识。

（二）现实问题的反向刺激

现实问题形形色色，其中的消极或负面社会问题投射到个体微观层面，对涉世未深的青年大学生产生不同程度的影响。设若认知或处理不当，无法提供及时有

效的疏导与化解，"问题"有可能孕育"问题大学生"。反向刺激主要有以下几个方面：其一，意义缺失陷入思想失魂。现实问题常伴有挫折、失败等，受不良因素影响，有些青年大学生难以正确认知现实问题，出现思想偏差，影响理想信念的确立与巩固，易于陷入错误思潮勾织的话语体系，迷失生命意义和生活意义。其二，利益左右导致意志失根。现实问题集结了现实利益。在利益左右下，有些青年大学生对前途和人生缺乏长远规划和不懈奋斗精神，容易动摇意志和价值观念。其三，关系疏离催化认同失序。现实问题所蕴含的矛盾与冲突易使青年大学生感到困惑、迷茫，若缺乏历史的、联系的、发展的视点去看待和分析，良性的社会关系会产生断裂、错位，造成政治、情感、文化等认同失序。其四，问题叠加诱发心理失范。面对现实问题的多重压力，在特定时机和情境下，青年大学生有可能从初期的焦虑、无助等诱发心理失衡、失范乃至滑向心理危机，以另种方式寻求表达出口和情绪宣泄渠道，甚至出现极端案例。

三、现实问题影响大学生思想价值观念的过程机理

培育和践行社会主义核心价值观，关键要做到知行合一。现实问题反映出美好生活"应然"与"实然"状态的间距，既是知行合一的关键，也成为青年大学生践行主流价值观的现实生活场域。四个环节在影响大学生思想观念过程中紧密联系，呈现为由实践到认识再到实践的过程，内化于心、外化于行，实现对美好生活的追求，达成人的自由全面发展。美好生活作为价值、实践活动、方式的复合体，内嵌于现实问题之中；同时，现实问题也是美好生活所针对的矛盾挑战的社会映射。

（一）社会认知建构

美好生活来源社会现实又超越社会现实，成为认知与衡量现实问题的重要尺度。对社会的认知必然要回归现实。青年大学生对社会认知的首要来源即各类现实问题，这些问题覆盖方方面面，兼具时代性和历史性，据此由一个个现实问题出发，构建起整体的社会认知图景和生活世界拼图。正是对各类现实问题的认知，联结起青年大学生思想观念与生活世界的首要渠道。事实上，不良价值观念常以现实问题为突破口进行杂糅、传播，忽视、抹杀个体美好生活与人民美好生活、个体利

益与人民根本利益的有机联系，模糊或扭曲全面、辩证、客观认知，激化社会矛盾，使现实问题复杂化。美好生活需求反映出的不平衡不充分的社会矛盾，是现实问题集结的领域。这一社会认知受到多重影响：个体生活经历、感知模式、认知水平；既有的历史记忆框架；个体（社会）心理与情感倾向等。同一社会现象或社会事实有可能因认知图式的不同导致大相径庭的认知判断，现实问题的焦点因之呈现随主体偏移的特性，这直接影响到青年大学生的思想价值观念。

（二）情感体验共振

在认知社会现实的基础上，植根现实的情感得以迸发并同频共振。这种深层次的情感体验与青年大学生的个体现实认知息息相关，反映了在社会现实认知比较维度上对美好生活的价值判断。某种意义上，正是对美好生活价值坐标的认知偏离乃至背离，现实问题更加凸显出来。不同认知触发的情感有积极与消极之分。在马克思、恩格斯关于美好生活的基本论述中，"美好生活是以幸福为衡量标准的"[①]。幸福感、满足感成为评估美好生活的最重要情感体验指标。由于美好生活与现实问题所含的利益需求紧密相关，这种情感体验对青年大学生思想价值观念的触发尤为直接而强烈，来自现实问题与时代的呼声往往能引发最大程度的共鸣。现实问题因与人的个体生命体验和人类精神文化世界的内在联系，常能激发追问生命的意义与人类社会的发展要旨。这是一种生命与生命的交往对话，从幸福真切到苦痛深沉，极具个性张力，对情感丰富的青年大学生具有强烈的触发作用。

（三）意义空间形塑

这是贯通青年大学生思想价值观念"知情意行"的关键环节。青年大学生在现实认知和情感体验基础上，形成主体价值与关系判断。它直接指涉现实认知和情感体验如何转化成理解现实的思维方式、认同模式和关系建构，指向人与人、人与自然、人与社会、人与自身的关系问题。生活世界不仅是实践的世界，也是富有价值、情感、认同、关系的意义世界。这种意义关系离不开现实问题发生发展的社会实践活动。生活意义空间的运行逻辑就包括美好生活的价值逻辑，承载了青年大学

---

① 王治东、陈学明：《关于美好生活的资料整理与研究》，上海：东华大学出版社 2020 年版，第 5 页。

139

生对美好生活的记忆与情感，体现了社会关系所映射的价值观念，并延伸出美好生活价值观念下的行动规范。现实问题的立体多元让意义空间充满层次和变动。青年大学生在面对追求美好生活的矛盾冲突时，因对现实问题的认知偏差和情感偏向，易于导致关系失序、认同失范。作为关系交往和意义互换的场所，意义空间也随之发生形变。当对现实问题和美好生活的认知与感受指向同一共同体时，个体能够感同身受，"小我"与"大我"建立起共享的意义空间。这也是青年大学生始终能够勇立时代潮头的内在动因之一。

（四）行动志趣生成

通过意义空间形塑认同，青年大学生得以反思现实问题带来的冲突与困境，深化对美好生活未来可能的理解。对生活世界和现实实践的认知、情感和意义建构，最终引发青年大学生的行动志趣的生成，进而作用和贯穿青年大学生的实践活动。美好生活是一种追求，也是一种能力，需要主体发挥主观能动性和积极性，具备美好生活的认知力、体验感、意义感，进而激发行动力。行动志趣生成后，能够进一步推动对现实问题的认知、情感体验和意义建构，推进这一循环过程。青年大学生不仅是美好生活价值理念的认同者，更是具体的践行者。美好生活是奋斗而来的，奋斗始终是当代青年大学生的生活主旋律。为美好生活而奋斗也即一种生活行动志趣，其中也包含了习近平总书记寄语青年的"生活情趣"。这对于青年大学生以积极向上的美好生活价值理念投身个体、社会、国家、民族的奋斗历程具有重要意义。

以上四个环节相衔而进，由现实问题的表象深入社会肌理，从观念延伸到行动。这一现实问题施加影响的过程亦可视作美好生活价值融入与个体行动动员过程。正是在这一循环往复的过程中，青年大学生将现实问题与对美好生活的愿景与实践有机结合起来，锻造认知能力、共情能力、判断能力和行动志向，在现实问题的认知与解决中塑造其与自身、社会、国家的关系，使"美好生活"成为形塑大学生主流价值观的重要建构话语。

四、美好生活教育：现实问题与大学生思想价值观念的衔接路径

以现实问题为切入口，美好生活为解析青年大学生思想价值动态提供了一种新

的话语与实践场域，甚至有望形成一种大学生思想政治教育的新的生活范式。结合上述现实问题影响大学生思想观念的过程机理，可着眼美好生活的价值、关系、内容和行动等不同向度，采取相应的衔接路径，进而构建美好生活、现实问题与大学生思想价值观念的有机衔接体系。

（一）价值衔接：培育正确幸福观

"幸福"是解读美好生活的关键词，幸福观是大学生思想价值观念的重要内容。马克思主义从"现实的人"角度，科学定义了幸福观，即"幸福是物质的实现与精神的实现的统一、自我实现与无私奉献的统一、享受和创造的统一"[①]。中华优秀传统文化也有"先天下之忧而忧，后天下之乐而乐"的思想。基于对现实问题的考察，影响当代大学生的主要有物质主义幸福观、享乐主义幸福观、功利主义幸福观、利己主义幸福观等。美好生活与幸福之间有着共同的价值逻辑，即实现人的需求满足和自我实现。"美好生活理念是党在新时代对'何为幸福生活'这一伦理命题在价值表态和政策保障层面所作的历史性解答"[②]，贯通衔接了个体价值层面与社会价值层面。这一价值衔接体现出美好生活视域下正确幸福观与教育"真善美"价值意蕴的内在逻辑关联。从"真"的角度，锻造大学生秉持正确幸福观辩证分析现实问题的思辨能力，避免偏激或错误认知与判断；从"善"的角度，引导大学生从正确幸福观出发，处理好个体与社会、当今与长远的关系，自觉抵制不良幸福观的侵蚀，提升思想道德水平；从"美"的角度，培育大学生以正确幸福观发现与体认生活世界"美"的能力，增强对美好生活、幸福生活的向往追求和身体力行。在2022年国务院新闻办公室首度发布的《新时代的中国青年》白皮书中，"中国青年的全球行动倡议"首要一条，即"坚持向美向上向善的价值追求。立正心、明大德、行大道，崇德向善、追求美好，热爱生活、奉献社会，在一点一滴中弘扬真善美、传播正能量"[③]。培育正确幸福观对于新时代青年的价值引领具有重大意义，有利于减少现实问题对大学生主流价值观的影响和冲击，避免引发价值失范。

---

① 江传月：《现当代中西方幸福观研究综述》，《理论月刊》2009年第4期，第41-44页。
② 张嘉荣、喻文德：《论马克思幸福观视域下的美好生活》，《城市学刊》2022年第3期，第7-12页。
③ 中华人民共和国国务院新闻办公室：《新时代的中国青年》，光明网2022年4月22日。

（二）关系衔接：扎根生活世界

生活世界包含种种，不仅有美好，还有与之对应的不美好，并集中反映在现实问题的矛盾之中。正是在比较和参照意义上，美好生活成为一种目标与追求。生活世界不仅是物质世界，也是精神世界和意义世界。社会关系正是生活世界赖以维系的根本。作为现实的、社会的人，当代青年大学生所面对的诸多现实问题，实质上都可划归为社会关系的一种紧张与冲突。美好生活"从终极的角度看，这种好的存在状态就是要处理好人与自然、人与人、人与自身的关系，也就是要处理好人与世界的关系"①。现实问题的叠加影响造成生活世界大学生与自我、与群体、与社会的关系的紧张乃至断裂。从关系共同体出发，要重新定义个体幸福与群体、社会责任的关联。社会关系离不开社会空间，就此出发，大学生美好生活教育必须扎根大学生生活世界，锚定生活时空，而不能回避、游离乃至悬浮其上。教育是"一朵云推动另一朵云"。失却生活根基，背离关系主旨，也就丧失了美好生活的灵魂要义。美好生活的理想目标就是一种生活世界的诗意栖居样式，实现真正意义上个体的全面自由发展和社会发展进步。延展至更为广阔的社会领域，这一生活世界包含集体、国家、民族层面。美好生活的话语逻辑还包涵人类命运共同体的国际逻辑指向，呈现出更为深刻的现实问题关怀和更为高远的美好生活价值追求。

（三）内容衔接：聚合育人资源

现实问题内容千差万别、形式不一，但从美好生活的丰富实践内涵出发，可对影响大学生的现实问题具体问题具体分析，区分不同维度和层次，加以针对性教育引导。大学生既有的思想政治教育内容包括大学生的价值观教育、心理教育、创新创业教育、学风教育等。作为一种新的话语实践，美好生活教育可渗透到大学生思想政治教育各方面。人民对美好生活的向往作为新时代的奋斗目标，有着一系列的制度设计、路径规划与政策资源支持。结合大学生美好生活教育实际，可针对大学生对美好生活的多元化需要，加大社会化、多元化育人资源聚合力度。2017 年，中共中央、国务院印发的《中长期青年发展规划（2016—2025 年）》列出十大发展领

---

① 沈湘平、邓莉、秦慧源：《美好生活的向往与实现》，天津：天津人民出版社 2021 年版，第 252 页。

域，包括青年思想道德、青年教育、青年健康、青年婚恋、青年就业创业、青年文化、青年社会融入与社会参与、维护青少年合法权益、预防青少年违法犯罪、青年社会保障；相关重点项目包括青年马克思主义者培养工程，青年社会主义核心价值观培养工程，青年体质健康提升工程，青年就业见习计划，青年文化精品工程，青年网络文明发展工程，中国青年志愿者行动等 ①。作为面向青年的国家层面发展规划，这为大学生美好生活教育的内容衔接提供了一大指引。

（四）行动衔接：劳动创造幸福

美好生活以幸福感为衡量尺度。这意味着要着力提升大学生追求美好生活、体认美好生活的主体能力，从而正确地认知处理现实问题。这种主体能动性可有效趋利避害，避免现实问题对追求和实现美好生活的干扰与破坏。美好生活不仅是主体的目标追求，更能引发大学生从现实问题出发，历经认知现实、情感体验、意义生产、志趣生成，影响其行为模式。行动逻辑的要旨就是"劳动"。"社会生活在本质上是实践的，而劳动是最基础、最广泛的实践形式，从而劳动是社会生活的基础内容。所以，美好生活的核心就在于劳动的美好、劳动的幸福。" ②要从美好生活目标出发，充分尊重大学生的主体地位，积极引导大学生践行劳动幸福理念，正确认识和处理现实问题尤其是社会层面现实问题，积极践行社会主义核心价值观，领会科教兴国、创新驱动发展、乡村振兴、健康中国等一系列重大国家战略决策，在社会实践大课堂中坚定对美好生活的追求与奋斗。

对现实问题的观照与解决是实现美好生活的必由之路。以上基于美好生活的价值、关系、内容、行动四个维度的衔接路径，从美好生活话语建构的理念目标、方式方法、行动成效等方面，共同构筑起美好生活、现实问题、大学生思想价值观念的育人衔接体系。

---

① 中共中央国务院：《中长期青年发展规划（2016—2025 年）》中央人民政府网 2017 年 4 月 13 日。

② 陈学明、毛勒堂：《美好生活的核心是劳动的幸福》，《上海师范大学学报（哲学社会科学版）》2018年第 47 卷第 6 期，第 12-17 页，第 53 页。

五、结语

"美好生活"既是亘古的永恒话题，也是时代的创新话语，提供了大学生思想政治教育观照现实、嵌入生活的又一语境。现实问题为青年大学生提供了认知社会、体验社会、投身社会的实践场域，也使从现实实践活动中出场的"美好生活"参与形塑大学生主流价值观，最终推动大学生参与生活世界生产，成为共同创造人民美好生活的中坚力量。青年是国家和民族的未来。美好生活话语内涵丰富、意蕴深邃，对于理解与应对现实问题对大学生思想价值观念的影响具有重大指引意义。当下"思想政治教育对建构美好精神生活的引导力不够"[1]，这也对美好生活教育提出了时代要求。美好生活赋能大学生思想政治教育的同时，大学生思想政治教育必将助推新时代美好生活建设。

（张燕，东华大学）

---

[1] 颜晓峰：《人民日益增长的美好精神生活需要对思想政治教育提出的新课题》，《思想教育研究》2018年第3期，第10-13页。

基于生活美学的本土民间技艺审美研究

——以上海罗泾十字挑花为例 *

□ 唐承鲲　郑晓蓉　方　颖

当代中国兴起的"生活美学"很好地呼应了民众对"美好生活"的追求，也使得承载中国造物传统的民间技艺尤其是非遗技艺受到社会的普遍关注①。罗泾十字挑花技艺，历史悠久、简约美善，是颇具江南民间审美特色的指尖艺术，其审美内涵是上海本土美学思想中不可或缺的一部分。罗泾十字挑花技艺充分吸收并体现了俗世的社会之美和灵秀的自然之美②，又有着上海本土创生文化特征。

一、生活美学

古今中外对于美的讨论从未停止。生活美学脱胎于"实践美学"，马克思在《1844 年经济学哲学手稿》中提出美源自实践中的主客观的统一，由此发轫为马克

---

* 基金项目：本文系"纺织之光"中国纺织工业联合会高等教育教学改革项目"非遗文化与高校美育协同创新路径研究——以上海罗泾十字挑花为例"（项目编号：110-03-0007121）；2021 年度东华大学"一带一路"智库研究专项课题"'一带一路'倡议下的纺织服装类非遗短视频跨文化传播策略"（项目编号：291-10-0001/002）；2021 年东华大学校级一流课程——广告设计（项目编号：110-20-000101/010/014）；2022 年东华大学美育精品课程（项目编号：110-03-0007022）；2022 上海高校市级重点课程—广告设计（项目编号：110-03-0007052）研究成果。

① 刘悦笛：《礼乐精神 生活美学——重塑中国雕与塑的美学》，《雕塑》2021 年第 4 期，第 94-95 页。
② 王春雨：《美好生活的生活美学之维》，《社会科学战线》2021 年第 7 期，第 176-184 页。

思主义的"实践哲学",1855 年俄国作家车尔尼雪夫斯基在《艺术与现实的审美关系》一书中提出"美是生活"成为"生活美学"的古典内核[1],随后的胡塞尔、杜威等人都阐明了对美的活动把握即是对作为我们生活的周围世界、日常生活"本质直观"的把握。李泽厚等人提出,人类制造和使用工具的物质生产活动,即"实践",是使"人类"成为可能的本体:这是人类学本体论哲学的核心观点,也是其"人类学本体论的美学"的逻辑起点。实践美学以实践作为美学的基本范畴和逻辑期待,"美的根源出自人类主体以使用、制造工具的现实物质活动作为中介的动力系统。它首先存在于、出现在改造自然的生产实践的过程之中",即美是人类历史实践的产物,具有自由创造的性质。[2]20 世纪初,王国维、蔡元培(孔子之美育主义)将"美育"概念引入中国时,便已提出中华民族具有从生活中感悟美的传统的观点。学者刘悦笛从哲学层面更进一步指出,生活美学从根本上就是一种"东方特质"的美学,并从儒家思想中建构出"情"为本的"生活美学"[3]。对于生活美学理论的追溯,让我们认识到生活之美,来源于对日常生活的"本真"之美的践行,来源于对于生活和审美的高度契合。

民间,尤其是乡村意义上的"民间",对于大多数国人来说是最亲切的维系血脉根系的"故乡",见山望水、鸡犬相闻的乡土日常生活勾连起了乡土情结。日常生活践行的民间技艺就是对生活美学的完美诠释。民间文化的本质是百姓出自生活需要的一种自发性行为,它的意义主要是为自我娱乐或"众乐乐"。如唱山歌、说故事,都只是为了"寻开心"的审美意趣。同时,民间文化也贯通着民众"生活化艺术"的丰富实践,如常见的剪花鞋样、刺绣兜肚等,既满足了百姓的实用功能和带来审美的愉悦,同时也在这一生产制作过程中反映出追求技艺卓绝的"工匠精神"[4]。哪怕是最为贫困的部落,也能创造出带给他们愉悦的作品。[5]民间从来就是充满着审美的活动,审美能力也非士大夫或知识精英的特权,"审美本能,是我们人人都有的"[6]。民间审美活动的价值确证,只有到"艺术"与"生活"的关系中寻

[1] 宋修见:《让生活美学赋能日常生活》,《前线》2021 年第 12 期,第 54-55 页。
[2] 李泽厚:《美学三书·华夏美学》,合肥:安徽文艺出版社 1999 年版,第 420 页。
[3] 刘悦笛:《"生活美学"建构的中西源泉》,《学术月刊》2009 年第 41 卷第 5 期,第 119-125 页。
[4] 徐国源:《重建民间审美文化的理论逻辑》,《南京社会科学》2019 年第 3 期,第 115-121 页。
[5] [美] 弗朗兹·博厄斯:《原始艺术》,上海:上海文艺出版社 1989 年版,第 2 页。
[6] 梁启超:《美术与生活》,《梁启超全集》(第七册),北京:北京出版社 1999 年版,第 4018 页。

求，它们源自生活，它是物态的、有用的、令人愉悦的。只有在"民间审美文化的生产和传播"的"乡土生活"的场域视角下，才能窥见其内涵和价值。徐国源教授进一步提出了以乡土自然、村落文化、农耕生活和民间信仰的民间审美的"乡土逻辑"①，为民间的生活美学研究提供了全新的理论基础。

上海乡土（民间）文化受到多元文化的影响，在日常生活中人们逐渐形成特有的审美内涵和特征，与海派都市文化互为映衬，二者彼此紧密联系，共同构成了独特的文化全景。本文尝试以上海罗泾十字挑花技艺为例，以生活美学的视角追索其审美内涵和特征，以其独有的创作形式和艺术表现，展示出我们所身处的历史文化与时代境遇，以期对民众美好生活提供审美回望，亦是对本土的非遗保护寻找美学的基点。

二、包容成技，务实炼艺

（一）罗泾十字挑花的历史流变

十字挑花的产生是在吸收多元文化的碰撞、选择的基础上，经过了三百年的洗练，脱胎于劳作实践的选择，充满着实用极简之美。罗泾地处江南，位于长江口，北临浏河。相传，宋末元初，黄道婆于太仓浏河一路南行至松江乌泥泾，沿途传授种植棉纺织技术，推动了江南棉纺织业的兴盛和发展，最终成就江南的"衣被天下"，同时也对罗泾地区的产业结构和发展起了决定性作用。宋元之后，罗泾成为重要的棉粮基地。《罗溪镇志》记载，罗泾地区棉稻轮种，农事闲暇纺纱织布，棉粮自给自足，丰衣足食。罗泾历史上的行政区划几经变迁，长期分属二县三乡所辖，即罗泾北部属震洋县（今江苏太仓浏河），南部属宝山县（曾隶属江苏太仓州），1958年划归上海市管辖。罗泾毗邻古时航运中心浏家港，娄江、长江、吴淞江等漕运、水网发达，历来商贾往来频繁，明朝时期更是郑和七下西洋的起锚地。东西南北文化、漕运码头文化和农耕文化在此地汇聚交融，洗练出特有的地域审美特征。罗泾地区特有的技艺可以管窥于偏僻的乡村与周边城市的联系和逐渐熔融

---

① 徐国源：《民间审美与"乡土的逻辑"》，《南京社会科学》2020年第4期，第123-128，第135页。

中，在此期间，本土文化基础不断加强和凝练，最终汇聚为上海文化版图中重要的一部分。

苏绣发源自苏州吴县，有"精、细、雅、洁"的特点，深为朝廷所看中，是明清时期的宫廷绣品的主项。元代就有宫廷特设的织染局与苏州平桥南，江南三织造（江南织造、苏州织造、杭州织造）中，唯苏州织造局规模最大。宫廷的审美影响到苏绣，赋予了生活日用品华美精致的艺术性，成为达官富户的生活必需品。苏绣也为江南地区所崇尚，遍衍江苏各地，成为江南地区所特有的经典生活技艺。与经济发达的苏杭都市不同，罗泾位于偏僻边缘，滩涂围垦而出，以农耕为主，面对江海的风浪和水患，经济基础和生活条件相对落后。但罗泾的巧妇在华美精致的苏绣生活用品的启蒙下，更加追求生活审美。农妇在田间地头遮风防晒的"兜头手巾"是太仓、浏河一带特有的区域性的文化符号。[①] 而本白色的土布兜头巾，既不美观也有忌讳之嫌，罗泾人便参考苏绣的长短针法，用色线构成花样来装饰。但土布棉线和绸布丝线无法同日而语，土布松散的经纬结构，加之不耐拉扯，农作时并不适用。多元的文化提供了足够多的选择样本，于是当地农妇逐渐吸收了安徽、湘湖一代的挑花技艺，并简化形成了顺"布势流"，即从布眼中引线挑制的十字挑花技艺。同时，该项技艺也渗透在生活的方方面面，如门帘、挂帐、床沿、被面、枕巾、荷包等日常用品以及肚兜、褡裢、鞋帽等服饰中，渐渐形成了"不挑不能用"的风尚。

（二）罗泾十字挑花的技艺特点

挑花多在农闲时完成，要求随时随地都能挑制，对空间、材料和工具不能苛求，所以这种务实的审美创造还扩展到了挑花的技艺特点和创作过程。挑花的基本单元，正面要求呈现十字交叉，反面一字点状整齐排列，棉线紧密攀附布上，耐洗抗磨，且正反两面都需平整、舒适；创作时不事先在布上打样，不绷架，工具简单，仅需一针一线，一块土布，左手捏布，右手挑花，"挑花插线依样做"，甚至全凭经验和技艺直接进行挑制和创作，所以必须做到胸有成竹，随心所欲的进阶需要多年不间断的练习和实践。所以，罗泾地区的女孩子在七八岁时便要求开始学习挑

---

① 太仓县县志编纂委员会:《太仓县志》，南京：江苏人民出版社 1991 年版，第 824-832 页。

花，十三四岁就需要为自己挑制嫁妆。作为生于乡土民间的"女子小技"，十字挑花的传承来源于生活所需，并未有文字图样记载，也无须繁复拜师礼规，只是通过农妇们在农闲间的口耳相传、仿效学习，或在母女间言传身教的一代代积累传承。挑花的针法，在望江挑花的"挑、钻、游、织"基础上进一步凝练成三种，并以形象的"行针""绞针""蛇蜕壳"来命名，分别指代斜线、横线、竖线的三种运针方向。这种朴素的生活化的创造，更利于记忆和传播。劳动人民作为个体将自身记忆向他者传达的口语传播，虽然受众和范围有限，但也得益于不同传者的传播差异性和个人色彩，使得技艺的创新成为可能。

此外，在图案形制中也体现了极强的生活实践的美学特征。如大系身（围兜）的上部两侧经常在田间劳作时因锄头顶撞摩擦而破损，罗泾巧妇便以挑花补丁的样式加以装饰，形成了特有的"插角花"形制。又如，兜头巾的花形以中间为主图而两边或四角为辅助的中心对称构成，与包裹头部后的布面形成立体三面围合，改进了早期的连续纹样上头后变形扭曲的视觉效果。

罗泾的地理区位使得十字挑花诞生在多元文化的相遇与碰撞中，吸纳融汇多地的技艺特点。虽长期处苏州辖地，但罗泾的十字挑花技艺并未承袭苏绣追求秀丽写实、绣工精细的技法特点，独特的地域特点和产业分工反而导致了罗泾选择了相对平实、简单的十字挑花，在生产生活的实践中凝练出了包容、务实的审美。

三、纹样简雅，寓意美善

（一）罗泾十字挑花的纹样构成

"万物之始，大道至简"，在古代文人眼中，"简"是实现天人合一，效法自然的重要途径。文人士大夫追求"宁古无时，宁朴无巧，宁俭无巧"[1]，效法自然、尊崇本真，来获得自由的心性自由。而在江南文化浸润中的罗泾十字挑花，相较其他地区天然具有了那种"越名教而任自然"诗性气质和自由理想的审美创造。罗泾十字挑花崇尚的是简雅、写意的审美境界，表现的是质朴、温馨、美善的人情人性之

---

[1] [明]文震亨：《长物志》，北京：中华书局2021年版，第30页。

美和人与自然的和谐之美。其配色质朴、素雅，构图主次分明、饱满和谐，纹样抽象、简约。

与其他地区对于生命的传统的色彩处理不同，十字挑花的传统配色素雅质朴，除兜头巾使用本白、靛蓝、草绿以外，基本以本白底布与黑色棉线为主。自给自足的生活方式，使得染色布和色线成为奢侈品，广泛的粮棉种植，使得棉布等初级加工纺织品有着充分的保障。

简单的十字交叉元素构成各种纹样，往往也许只有生于斯长于斯的江南人士，能够一眼认出那份熟识的记忆，惊叹于其生动简洁的形象。纹样形制上主要以独立纹样为主，衍生出二方连续、四方连续、团花、角花等。由于线条的构成以直线、斜线为主，还有点状的半针，故创作、组合起来更为方便，相差几针便是另一种纹样，纹样彼此间可以构成万千的重复和组合，形成全新的图案构成。构图上讲究对称和谐、主次分明，以中心对称、交叉对称居多。

罗泾十字挑花的简雅还可以从纹样内容看出。与其他地区大量的神仙瑞兽纹样不同，罗泾的传统纹样主要是三大类：植物、动物和文字，有大约三四十种独立纹样。作为在江南这片土地上民间的"再生产"，其纹样因而也有着江南乡土的模因，尤其是对江南自然生机和乡村诗意美好的淳朴提炼，如"攀藤花""谷穗花""腰菱花""大荷花""柏枝花""蝴蝶花""鸟花"等。在罗泾当地的生活用品上随处见各种挑花纹样，体现着当地人充满着对于天人合一、自然本真的崇拜和热烈追求。

（二）罗泾十字挑花的纹样寓意

索绪尔将符号的功能分为"所指"和"能指"两个功能。"图必有意，意必吉祥"，十字挑花通过纹样与语言符号共同达成图像叙事[1]，满足了民间的实用性需求。纹样通过一个个视觉符号（所指）建立并与符号背后所蕴含的意义（能指）相联系[2]，以江南乡土生活中所沉淀、固化的认知与意义为基础，将禳灾祈福、祥瑞美善的淳朴期待融入其中，进行了"群体性"审美的建构。罗泾十字挑花以"福、禄、

---

[1] 方云：《基于图像叙事的十字挑花非遗保护研究——以上海罗泾十字挑花为例》，《原生态民族文化学刊》2021 年第 13 卷第 2 期，第 98–108 页，第 155 页。

[2] ［瑞士］费尔迪南·德索绪尔：《普通语言学教程》，高名凯译，北京：商务印书馆 1982 年版，第 26 页。

寿、喜、财"的民间信仰主题展开，以抽象化文字、祥瑞的动植物为符号。来自对艰苦枯燥的农耕生活"补偿性"的娱乐需求和对美好生活的向往，比如直接使用"福""禄""寿""喜"等文字进行固定变形，互相组合，直接表意或与其他纹饰搭配使用。

祥瑞的自然动植物图案的使用主要以拟物化的使用。如"柏枝花"有着长寿、坚贞、勇敢的寓意，又和吴语方言中的"百子"谐音，故在婚嫁、添丁的仪式中使用，给予"百子千孙"美好祝愿；或是"大荷花"象征神圣高洁，一尘不染，与金鱼图案构成"连年有余"的喜庆寓意；"八角花"代表光芒四射的太阳，体现了对于太阳给予大地万物以生命原力的原始崇拜和对自然生命的美好祝愿。另外一种是利用谐音和动植物符号来进行重组。典型的如"蝙蝠花"象征"幸福"，与"柏枝花"进行组合就是"福寿双至"；"蝴蝶花"吴语谐音"福迭"，即幸福备至；其他如"铜钱花""元宝花"皆寓意聚财汇财；"狗花"象征忠诚、守护、禳灾辟邪，常用于老人的服饰上。

此外，带有汉族群体中普遍的民间神话信仰的纹样也能在罗泾十字挑花中看到，多以简约的几何纹样表现，如两个菱形压角相叠的"方胜纹"，就是取自古代神话西王母所戴发饰，是神力物化延伸，象征驱灾避祸，祥瑞安康。

罗泾十字挑花产生于有限的物质条件和艰苦的农耕劳作生产生活中，对江南乡土自然的热爱、美好生活的向往和期待，对氏族亲人的纯善的祝愿，都赋予在一个个挑花纹样中。罗泾十字桃花没有使用夸张的形象和强烈的用色，而是利用生活的充满诗性的美感体验，"取一而舍万千"的提炼和营构，形成了江南特有的简雅、美善的风格，彰显了对于本真自然生活特有的审美理解。

四、家孝敬爱，情礼共之

（一）中国传统的美学精神

中国乡土社会的重要组成——村落家庭的环境中，人们通过特定"社群法则"身体力行，提升道德伦理的高度，通过"习俗化"使其成为文化模式并加以延续和传承①，"礼，经国家、定社稷、序民人、利后嗣也"②，而"破国、丧家、亡人，必先去其礼"③，儒家思想中"礼"是人生而为人；调整人际和社会的关系重要规则，从天下到国家、从家庭到个人都应遵道而行，循礼而动。"礼因人情而为之"④"礼生于情"，情与礼有着密切的联系："情"主要在"乐"中实现，"礼"生于"情"，是审美化的"情"。故而"礼乐相济"，就是追求"情"和"礼"统一。而在受儒家思想影响的江南乡村，将"礼"融入俗世生活，则巧妙地通过赋予十字挑花象征意义，寓礼于情，情礼共之，使得"履礼"成了"生活美学"。

儒家把"齐家"放在与"治国""平天下"同等重要的位置，表现出对家风的极其重视。家风是以孝悌为中心，孝悌之道是中华"家文化"的灵魂。小农经济社会男耕女织，十字挑花所构成的象征物体现着儒家的孝家文化，贯穿于婚、育、乔、迁、寿、诞等仪式活动中。

（二）践行履礼的民俗仪式

"立爱自亲始""立敬自长始"。⑤"敬"与"爱"的神圣意义被赋予挑花技艺之上，成为构建起家庭氏族的重要象征物。罗泾地区的女孩子从七八岁开始便需要学习挑花，挑花技艺成为评价贤淑持家能力的重要标准。如果女孩子到出嫁时还未学会，将为氏族邻里所不齿，会被苛责"如何吃人家屋里厢饭"。情窦初开时，女方需托媒人将一块亲手挑制的方巾送给男方作为定情信物，并交给男方家长过目，挑绣的技艺成为重要的择偶标准，如果看不中，便会退还女方，双方都不伤颜面。而至出阁前，需要准备好各类"压箱底"的挑花衣物作为嫁妆，大小"系身"、挑花布鞋等作为婚嫁仪式用品。待大婚之夜，亲戚邻里会纷纷开箱"看嫁妆"，来品评挑花技艺，进而对其做出是否"心灵手巧"的评价。花轿到达夫家，新娘下轿进门这段路，需要准备好自己挑制的有着插角花的十字挑花系身围裙（系身勾）。"系身"吴语谐音"移身""又胜"，将由夫家两位女性长辈交替放于新娘行进地面，新

---

① 徐国源：《民间审美与"乡土的逻辑"》，《南京社会科学》2020 年第 4 期，第 123-128 页，第 135 页。

② ［清］阮元：《十三经注疏》，北京：中华书局 2009 年版，第 3730 页。

③ 杨朝明、宋立林：《孔子家语通解》，济南：齐鲁书社 2013 年版，第 380 页。

④ 李零：《郭店楚简校读记·语丛一》，《道家文化研究》（第 17 辑），北京：三联书店 1999 年版，第 532 页。

⑤ ［清］阮元：《十三经注疏》，北京：中华书局 2009 年版，第 3439 页。

娘踩着系身，一步步向前，象征"步步高升"；"又胜"则意味着"一代胜于一代"。"子孙包"则是有娘家长辈用新娘挑制的"大系身"包裹万年青（象征四季常青）、干果（象征早生贵子、百子千孙）、娘家的米饭（象征有米有财）和一双新娘亲手缝制的赠予婆婆的布鞋。米饭在次日要并入婆家菜粥中，意为融入夫家。子孙包中还有鸡头鸡脚，象征新娘子有头有脑，手脚勤快。"子孙包"由娘家男孩捧进门交给婆家，婆家接了"子孙包"即为接纳了新娘，在将子孙包放于新房床上，意为带子孙迎进门。新娘接过婆家的见面礼后，还需要使用"还疼"，即自己挑制的小"系身"作为还礼，作为对男方长辈"步步高升"的祝福。此外，新娘为表感恩与敬重，还需为婆婆备制一双挑花布鞋。鞋面采用十字挑花福禄纹样，四周围绕五只蝙蝠，寓意"五福临门"；鞋底采用传统百页底制作工艺，三层鞋底九层布，并在鞋底以七个"方胜纹"，象征"开门七件事——柴米油盐酱醋茶"，件件"胜人一筹"。"方胜纹"也寓意永结同心，开启美满婚姻生活之意。

中国传统讲究"六十花甲""七十古稀"，而在罗泾当地，却有女性七十岁以后不做寿的风俗，认为恬淡自然才能长寿。但家中小辈需要为其准备压卸、祈寿用的十字挑花肚兜和裤子，在特定位置挑上"狗花"纹样，并且需要在农历七月初七当日完成，连续七年做七套，来保老人健康长寿。因为在中国传统文化里，"七"是一个尤为重要的数字，阴阳与五行之和为"七"。狗一般被视为忠诚、陪伴，是看家护院的伙伴，所以也是驱灾避祸的象征。挑花中的"叭儿狗"和"柏枝花"组合，即有"叭（八）柏（百）千秋"的寓意，是对老人健康长寿的祝愿。

物质意义上的家，对于安居乐业、家族繁荣、子嗣昌盛有着重要的象征意义，所以造房安梁是重要的民俗仪式。在罗泾的造房安梁仪式中，挑有压胜与吉祥纹饰的"上梁包"是重要的仪式道具。"上梁包"包裹有"万年长青"的松柏枝、象征"步步高升"的云片糕，以及一些百鲜果。上梁的良辰吉时一到，鞭炮齐鸣，工匠齐呼"大吉大利"，并以红布包裹的大梁（谓之"披红"）升至墙头，然后再将"上梁包"安置于梁中间，以取"镇宅安居"的作用。仪式主持则边唱颂词，边向五方抛撒五谷和糖果糕点，众人则和"接口彩"，女性和儿童则会用挑花的兜头巾和系身接，接得越多意味着迎祥纳福越多。

兜头巾颜色的使用同样遵循相应的规范礼俗，既是重要的身份符号，也是村落群体认同的重要标识。初学者不能直接上手挑制兜头巾，且严格禁忌使用白线，白线意味着"白学",也被视作短命夭折等的不吉利的象征。初学者多以蓝线挑花,"蓝"同"烂、赖",寓意学的东西"赖"在肚中。另外,在服饰使用上,挑花颜色也有严格规制,本白色的土布配黑线兜头巾,是未出阁的女性和普通女子所佩戴,新婚妇女则需要佩戴绿色土布配黑线兜头巾,象征身为人妻要贤惠稳重、勤劳耕耘、繁衍子嗣。一年后,才可以换回本白色的兜头巾,蓝色土布配黑线则是上年纪的女性所戴。佩戴的身份礼俗使得长幼有序,也构建了村落氏族的集体认同。

五、结语

"美是生活(生命)"这一命题之本质性、现实性和理想性具有强烈的生命本体的感性色彩,是生活之所蕴含的勃勃生机与鲜活生命的展现和彰显。生活之美在于人的现实生活的具体生命体验中,只有被"当作人和人的生活中的美的一种暗示",才有美的意义①。实用性人伦机能与非功利性审美人文机能的和谐,得以达到"越名教而任自然"的境界。

位于上海市郊乡村的罗泾十字挑花技艺延续至今三百余年,充满着生活美学。艺术向生活的延伸,生活向艺术的浸润时刻都在发生,美与生活的边界不断被打破和重构。正是这种独特的审美文化,让罗泾人民在多元的文化碰撞中,选择并发展了十字挑花这门技艺。在江南乡土间,罗泾十字挑花形成了简约古雅的纹样特质和赋予了纯美善良的寓意,通过情礼共融区分了长幼、调节了人伦,延续了"家"的精神归属,将村落氏族的家孝文化进行了审美化、生活化的阐释。

面对消费主义的社会语境,趣味和境界成为稀缺的生活要素和生命状态。②回望罗泾十字挑花的审美文化,将其视为启迪当下的我们寻回美好生活的智慧,亦为探寻永葆这朵文艺之花的美学基点。

(唐承鲲,东华大学;郑晓蓉,上海市宝山区罗泾镇社会事务服务中心;方颖,东华大学)

---

① 田刚健:《"美是生活"抑或"美是生命"——车尔尼雪夫斯基美学意蕴及当代价值再探》,《俄罗斯文艺》2019 年第 4 期,第 107–115 页。
② 宋修见:《让生活美学赋能日常生活》,《前线》2021 年第 12 期,第 54–55 页。

"饭圈"文化乱象对社会幸福的影响 *

□ 赵高辉　杨　柳

2021 年 8 月 27 日，中央网信办秘书局发布《关于进一步加强"饭圈"乱象治理的通知》。本文试图从文化视角考察当前"饭圈"乱象的文化表征及矫正方式。

一、"饭圈"文化乱象及其对社会幸福生活的影响

伴随综艺节目的繁荣，越来越多的文娱明星开始走入公众视野。个人声望、公众认知和社会接受层面不断加剧的竞争，让明星人设和形象建构从自发走向自觉。网络的社群化传播趋势与明星形象运营需求的碰撞，诞生了目前现象级的亚文化类型——"饭圈"文化。这个基于"粉丝"出于对偶像的热爱与崇拜生产出的"爱"的文化，原本是让个人情感得到释放，在粉丝成员彼此的交流互动中得到精神和心理上的满足，让粉丝获得幸福感。但随着商业资本的介入，该圈层文化乱象不断。

（一）乱象丛生的"饭圈"文化

"饭圈"文化本质上是一种参与式文化，粉丝群体通过社交媒体进行文化符号的生产与交流，并在自身建构的文化环境中进行意义的赋予，最终形成了圈层式的文化传播模式。"饭圈"的形成得益于社交媒体的兴起，粉丝追星从原来一盘散

---

* 基金项目：中央高校基本科研业务费重点项目"大数据分析与重大流行病应对及治理研究"（项目编号：2232020B-03）。

沙的"原子式"个体行为转变为自发组成的能利用线上线下进行信息交流的文娱社群，并因其内部分工和组织化发展再转变为专业化的利益圈层。① "饭圈"文化的产生与发展打破了粉丝与明星之间的"壁垒"，然而，"饭圈"文化的非理性与疯狂等特点，在青年主体意识构建过程中可能带来网络暴力、被动跟风、文化偏离等负面影响。②

伴随娱乐产业的国际交流，美国好莱坞娱乐行业的商业化造星模式和影视作品市场运作机制，让营销成为明星市场成败的关键环节。明星的商业价值与曝光度、流量挂钩，明星声望和市场号召力成为文艺作品市场反馈的参数指标。在利益驱动下，营销模式呈现出日益清晰的流程和范式，在此背景之下，作为亚文化群体的"饭圈"，受资本影响，其不良影响逐渐入侵娱乐产业的主流文化圈层。以弄虚作假、流量为王，打投集资、金钱应援，拉踩互撕、网络暴力为特征的乱象，在娱乐行业的主流文化圈层蔓延，这不仅背离了"饭圈"文化的初衷，而且把粉丝卷入了一个充满了戾气的斗争场，大大削弱了粉丝的幸福感。

（二）"饭圈"乱象下，逐步削弱的幸福生活

探究"饭圈"文化乱象对社会幸福生活的影响，我们首先需要理解幸福是什么，为更好地理解"饭圈"文化与幸福的关系，我们可以从哲学角度来探讨幸福为何。从哲学的角度，一般认为幸福是指人们在一定的社会生活实践中因目标和理想的实现或接近而感受到的一种内心满足。由此看来，"饭圈"粉丝的幸福即他们作为劳动的对象在完成偶像的物料生产和创作的实践过程后感受到的一种心理上的满足。然而，幸福的个体性和社会性在社会实践中是统一的，粉丝个体幸福的得到需要社会提供合适的环境制度，可使用的某种资源，与他人合作的条件，不然，个人幸福也不会实现。③

幸福个体性与社会性的统一意味着，在实践中个人幸福与社会幸福是不可分割、相互影响的。随着"饭圈"文化乱象频发，"饭圈"不再是单纯生产"爱"的

---

① 金雪涛：《消费者学习机制与"饭圈"文化的利弊》，《人民论坛·学术前沿》2020 年第 19 期，第 46-51 页。
② 袁志香：《"饭圈文化"下青年主体意识的建构》，《人民论坛》2020 年第 14 期，第 118-119 页。
③ 邓先奇：《社会幸福论》，华中科技大学 2012 年博士毕业论文。

文化的场所，反而成了各大粉丝团体互踩、攀比的战场，很多粉丝也不再是为爱发电，而是被"绑架"着进行文化生产。马克思和恩格斯在其幸福社会理论中提出社会高度和谐是幸福社会实现的重要条件，带着愉快心情自愿进行的联合劳动则是其重要的理论内涵。[①]然而"饭圈"粉丝群体从前通过自主文化生产得到的心理满足和愉快心情逐渐消失，甚至疲累于毫无意义的骂战。这种疲惫、无奈之感，也让粉丝们的幸福感大为削弱。

二、"饭圈"文化乱象背后的意指

（一）"饭圈"文化的工业化

"饭圈"成员为了群组共同的目标和相同的情感不断投入热情，创作出各类特色化、风格化、差异化的文本作品，将自身所在的群体与其他群体区分开来，其文化是粉丝为爱发电的产物。粉丝在这一过程中建构了一个共同的亚文化身份，并能让我们通过他们的共同身份来窥探这一亚文化所具有的隐含意义。[②]然而随着资本发现"饭圈"文化隐藏的商业价值，将目光转移到"饭圈"群体时，这一亚文化就开始不断发生偏离。资本方不仅将明星的性格和表现当作一个作品来设定，使其承担符合受众审美的符号价值[③]，借此来塑造类型化的明星，致使原本独具风格的"饭圈"文化趋于商业化、标准化。

商业化和标准化使文化的意义生产变成了风格打造流程的精细化操作。经纪公司、营销公司、平台公司在进行配合控制粉丝和操纵粉丝的时候，分工细致。因此，我们可以看到，粉丝对于明星爱的表达，不管是语言还是行为都可以分成不多的几种类型，无外乎制造各种类型的惊喜。"风格的统一性，在每一种情形里，都表达了社会权力的不同结构，而不是那些受到普遍性遮蔽的被压迫者的模糊经

---

① 刘孝菊：《马克思恩格斯幸福社会理论及现实意义》，浙江大学 2013 年博士毕业论文。

② 孙黎：《身份、组织、生产：网络青年亚文化群体新媒介赋权实践的三重层面解读》，《中国青年研究》2019 年第 6 期，第 87-93 页。

③ 艾芳怡：《文化工业理论视域下偶像产业的问题研究》，《视听》2021 年第 3 期，第 17-19 页。

验。"① 在大多数有关粉丝的文本和描述中，我们看到的只是个别的粉丝或群体，为数众多的普通粉丝本身并没有进行打榜、购买、恶意黑以及围攻、谩骂等。

"饭圈"文化标准化的凸显与独特性的消失，意味着"饭圈"文化进入到文化工业时代。明星产业作为一种新兴的文化娱乐产业，工业化借以娱乐、个性与"受众中心"的外衣隐匿起来，大众更难察觉其中的"控制"与"剥削"②。在这种快乐工业的操纵下，人们沉迷于明星千篇一律的好看皮囊，将粉丝对明星的崇拜与喜爱之情扭曲、异化成了盲目的尊崇，无理性地维护③，甚至于粉丝为了提高明星的商业价值，甘愿沦为被割的"活韭菜"和免费的"数据女工"④。

（二）粉丝劳动的异化

粉丝行为的本质是表达对于明星的关怀和关注，将其看作自身学习奋斗的榜样，进行形象、良好品行、精神状态的积极投射，在此基础上实现明星影响力的扩张、声望的增长。同时，通过粉丝反馈和双方互动激发明星积极向上的个人精神状态，并产生引领粉丝精神走向和实践走向的责任感，在现实中以自身影响力弘扬社会正气，服务社会文化。

但是现在的粉丝劳动成为被资本控制、被平台压榨、被经纪公司操纵，甚至被明星愚弄的对象，并不能实现个人价值。粉丝对明星的追逐不再是一种提升自我价值的正向发展，粉丝被资本掌控者异化为消费"工具"。⑤ 粉丝对符合自己期望的明星投射美好期待，然而这种美好的期待只是经纪公司为其设定的假面。为帮助自家明星出道，粉丝不断为其打投、氪金、集资。在这一过程中，粉丝不断陷于资本、平台与明星等多方设置的消费漩涡，粉丝劳动创造的价值就像韭菜，被一茬一茬收

---

① [德]霍克海默、阿多诺:《启蒙辩证法》，渠敬东、曹卫东译，上海:上海人民出版社2003年，第145页。

② 艾芳怡:《文化工业理论视域下偶像产业的问题研究》，《视听》2021年第3期，第17-19页。

③ 庞海音、万成云:《异化的"饭圈":当前流行文化的理论反思》，《江西社会科学》2020年第40卷第8期，第231-237页。

④ 郑淑塈:《流量造星与饭圈文化——基于文化工业理论》，《新闻研究导刊》2021年第12卷第3期，第89-90页。

⑤ 庞海音、万成云:《异化的"饭圈":当前流行文化的理论反思》，《江西社会科学》2020年第40卷第8期，第231-237页。

割。而粉丝主体也在文化工业的浸染下，从"追星人"逐渐异化为"社会工厂"中的"打工人"。①

"文化工业总想借助自身的完美形象，不断对那些半路出家的音乐爱好者进行控制和驯化。"②"饭圈"文化同样是一种驯化文化，其中的付出是一种驯化了的"劳动"。粉丝该如何尽心劳动行动同样是一个不断进行驯化的过程。资本、平台、经纪公司都参与并主导着整个驯化过程。通过人设打造和营销，明星被打造成具有社会动员效果的文化符号，吸引一定的文化迷群。大众文化迷具有生产力：他们的着迷行为激励他们去生产自己的文本。从而使自己成为其社会与文化效忠从属关系的活生生的指示，主动地和富有生产力地活跃于意义的社会流通过程中。③

原本"饭圈"文化所倡导的行为应该是遵从文化的意义生产和社会生产的真实的"生产劳动"，这种行为与生产原初文本的活动十分类似。它既要求文化能力（对某一种大众文化类或运动的常识或规则的知识），同时也求社会能力（在这种传统中，"人们"可能会如何去做、去感受或者反应）④。但是，我们现在看到的"饭圈"文化生产，不仅与明星的文艺作品（原初文本）毫无关联，粉丝也无须具备相应的文化能力。生产活动指向金钱和消费，生产过程也不再民主而是受到监测和控制的定制化生产。

（三）粉丝情感的物化

粉丝与明星之间的情感应该是一种纯粹的，源于其人格魅力而萌生的喜爱，然而现在的粉丝与明星所形成的不是一种交往关系，而是相互利用的，带有多重企图的工具性关系。尤其在这个资本造梦的时代，他们会极致地利用这些粉丝，将粉丝对明星的情感迁移演变为一种"粉丝经济"的工具。⑤平台将原本以专辑、影视作品的票房以及作品的质量认可度来确定满足公众需要的程度，变成了榜单、流量

① 刘海明、冯梦玉：《数据至上的"饭圈"乱象反思》，《青年记者》2021年第11期，第40-42页。
② [德]霍克海默，阿多诺：《启蒙辩证法》，渠敬东、曹卫东译，上海：上海人民出版社2003年版，第146-152页。
③ [美]约翰菲斯克：《理解大众文化》，王晓珏、宋伟杰译，北京：中央编译出版社2001年版，第174页。
④ 同上，第175页。
⑤ 赵云泽：《科学对待青少年明星崇拜心理》，《人民论坛》2020年第26期，第112-114页。

等，进而刺激粉丝参与打投。

同时，判断粉丝情感的方式也在变成物质化。就像目前的明星生产机制一样，让每一个明星都在榜单、流量的数字上标示出价格，有实力的要证明具有匹配的实力需要争抢榜单和流量筹码。而没有实力的更需要争抢榜单和流量来隐藏没有实力的事实。当"乱象"成为一种文化规范或者模式，将会影响粉丝交谈的"词语选择"和"整个内心生活"，粉丝会"让自己变成一个灵敏的仪器，甚至从情感上说，也要接近于文化工业确立起来的模型"，从而使"人类之间最亲密的反应被彻底物化"①，即情感的物化。法兰克福商品拜物教的解释指出，"音乐会门票所付出的价钱，不是为了表演本身，因为我们是商品拜物教的受害者，社会关系和文化鉴赏则借商品拜物教而在金钱方面被对象化了"②。在所有的以金钱来购买的应援、打投等活动中，粉丝付出的价格（交换价值）成为使用价值，并与真正的使用价值（爱的表达）对立，粉丝与明星的交往关系，粉丝对作品的鉴赏关系等同于金钱。

三、"饭圈"文化乱象的文化矫正与社会幸福生活的回归

在文化工业中广告能够让消费者"即便已经看穿了它们，也不得不去购买和使用它们所推销的产品"③。目前的"饭圈"文化也正在达成这样的"胜利"：即便粉丝和整个社会已经看穿了整个把戏的各个环节，但是，也无法逃离。因为文化工业具有其自身的机制根源，长期的运行已经固化了其中的权力关系和操作手法。当前的"饭圈"治理，对经纪公司、平台提出了具体要求，意图切断饭圈文化当前运行机制中各主体间的权力依赖和权力输送。但是，"营造天清气朗的文娱领域风气"同样需要文化上的矫正，让"饭圈"文化生产真正成为"意义生产""参与生产"和"关系生产"，让社会幸福生活得到回归。

---

① ［德］霍克海默、阿多诺：《启蒙辩证法》，渠敬东、曹卫东译，上海：上海人民出版社 2003 年版，第 146-186 页。

② ［英］多米尼克·斯特里纳蒂：《通俗文化理论导论》，阎嘉译，北京：商务印书馆 2001 年，第 67 页。

③ ［德］霍克海默、阿多诺：《启蒙辩证法》，渠敬东、曹卫东译，上海：上海人民出版社 2003 年版，第 146-186 页。

（一）以"意义生产"取代"饭圈"文化的"工业生产"

霍克海默和阿多诺批评道："电影和广播不再需要装扮成艺术了，它们已经变成了公平交易，为了对它们所精心生产出来的废品进行评价，真理被转化成了意识形态。它们把自己称作是工业。"[①] 在"饭圈"文化中，各个主体借文化之名，拼命把自己包装成"艺术"，把关系包装成"爱"。只不过爱的表达和表现演化成了物质和金钱，并且爱不是留在彼此心中和交往的过程中，而是留在榜单和流量上。

导致文化成为归类活动的根源在于主体将意义生产的主动权让给了工业化的操纵者。意义是一种社会生产、一种实践。世界必须由人们生产出来意义，语言和符号化是生产意义的工具。由于意义不是被赋予而是生产出来的，因此这可能导致把多种意义归属于同一事件。为了正当地生产某一意义，就必须使这个意义具有某种可信性、合法性或者使它看上去想当然就是这样。这样做就要排斥、破坏不同的意义或使其不合法。[②] 在经纪公司、平台、资本的操控之下，"饭圈"文化的意义生产实践遵从一种商业的逻辑，因为在影响力和传播力上的权力和能量，它们为粉丝行为选定意义，并强化这种意义。这就是"饭圈"文化实践意义的生产，在这种生产过程中，同时也再生产出了各自的分工、角色和职能，什么是"好的粉丝""好的粉丝需要做什么、能做什么"被这一实践再生产出来。同时，这一过程也伴随着权力的再生产。明星背后的资本权力越来越大，粉丝的权力越来越小。平台作为粉丝联系的"媒介"，不仅仅反映和维持意见一致，而是作为帮助生产意见一致、制造认可。[③] 这就解释了为什么大多数粉丝在从事这种意义生产和权力再生产的过程中，表达的是乐意的、顺从的、不愿反抗的，因为在强大的意义制造"机器"面前，认可也可以被生产出来。

而真实的意义生产应该是由粉丝来定义粉丝活动和粉丝行为，粉丝群体去定义什么是"好的粉丝"，"饭圈"去确定与明星群体的关系和交往。粉丝来构建饭圈

[①] [德] 霍克海默，阿多诺：《启蒙辩证法》，渠敬东、曹卫东译，上海：上海人民出版社 2003 年版，第 135 页。

[②] [英] 奥利弗·博伊德-巴雷特、克里斯·纽博尔德：《媒介研究的进路》，汪凯、刘晓红译，北京：新华出版社 2004 年版，第 435-436 页。

[③] 同上书，第 443 页。

自己的语言，用理解、关爱、支持、帮助替代打投、冲榜，用作品讨论、角色塑造替代"明星人设"，让"奉献故事""励志故事"替代"绯闻故事"和"消费故事"。只有让粉丝重新获得构建"饭圈"文化意义的权力和能力，才能抵抗和消解"文化工业"的侵蚀。

（二）以"创意劳动"取代粉丝"异化"劳动

马克思在其幸福社会理论中讨论过影响幸福社会的因素，他认为异化劳动是不幸福社会的重要形态，其会导致人与自然、人与社会、人与人以及人自身的不幸福不和谐。[①] 而"饭圈"文化本质为参与式生产，参与生产体现在劳动的真实价值，让粉丝圈层参与到文艺作品中，参与到文艺精品、明星形象、精神面貌的创意生产中，以创意劳动取代异化劳动，让社会幸福生活得以回归。

学者在研究受众对于节目的参与时，曾经采用了两个分析框架：一是"指涉性"的框架，是指把节目和现实生活联系起来，观众先是把自己和剧中人像和真实的人一样相联系，反过来，又把这些真实的人和它们自己的现实世界联系起来；二是"批判性"的框架，即把节目看作是符合美学规则的虚构。指涉性解读可能卷入了更多的情感，批判性解读则保持更多的距离，处理着样式、情节的动力学、故事的主题等等问题[②]。假如我们试图回归粉丝文化的参与生产，我们可以用这种框架去反观当前粉丝文化生产。在良性"饭圈"文化中，粉丝与明星和明星作品的互动应该是既可以将自己的情感带入到明星作品和明星生活情境中，同时又与明星的作品和生活保持一种批判的距离。也就是说，在情感上，既可以投入自己的爱和欣赏，同时也可以提出自己的合理期望。

在现在的"饭圈"文化中，粉丝的表达是单向的，其批判性的表达要么被压制，要么被基于可能的压制而自行过滤了，粉丝的参与生产也失去了本应具有的互动范式和相互促进价值。

当前对于"饭圈"文化的治理，不仅仅是因为部分粉丝在网络或者现实中非理性的声音，更是因为这种文化氛围下，大部分年轻粉丝们，正在失去抵抗的能力，

---

① 刘孝菊:《马克思恩格斯幸福社会理论及现实意义》，浙江大学 2013 年博士毕业论文。
② [英]奥利弗·博伊德－巴雷特、克里斯·纽博尔德:《媒介研究的进路》，汪凯、刘晓红译，北京:新华出版社 2004 年版，第 655 页。

甚至是本应在他们身上的对于社会的行动能力。而通过治理让"饭圈"回归到"不被操控"的文化氛围下，这恰恰是为了唤起和激发粉丝身上的行动力。

（三）以"精神交往"取代关系中的"物化"情感

数字化设备可以实现一种新型的、更加持久的、门槛更低的关注，并由此带来了人的"数字敏感性"。人与技术的紧密联系，并在移情方面高度提升。[1] 当下，个人移情能力的提升和移情需求的高涨，除了源自"数字化"带来的敏感性提高，还因为闲暇时间、拖延症、生存压力、未来不确定性带来的焦虑，让个体在开始行动和没有行动之间留有充分的时间空隙。

此外，疏离和不信任也让个体内心深处储存了大量的无法，或者未能宣泄的情感。时间过剩和情感过剩带来的移情随时随地在发生。因此，高曝光度的明星很容易成为大众偶像，粉丝与明星产生情感关系成为个体生活中意义生产和再生产的重要一部分。这种相对强烈的情感如果被导引进正确的通道，可能会变成呵护明星和粉丝双向成长和彼此互相成就的催化剂。但是，作为工业化生产机器动力的资本、逐利、变现已经无法导引这些情感进入到双方通过交往带来的成长中。经纪公司、文化资本、平台开始了最为擅长的揠苗助长，用各种手段、工具、话语、框架、动员等来鼓动简单粗暴的、直接的、立竿见影的情感互动和情感表达，消费、打榜、购买是短期情感冲动最直接的宣泄方式。经纪公司已经开始采用固定的模式去打造明星，他们鲜少会拥有耐心用个性化和专门的流程和步骤来维护粉丝关系和管理粉丝。因此，在整个互动过程中，明星经历的努力、苦难、挫折、冷遇、侮辱、压制、背叛是可以被在时间和空间上制定好了的，明星可以顺着程式和宝典进行各种活动，其日常生活中的欢笑和眼泪也可能是表演。

这种情感向物质的转化，具有传染和带动作用。大多数人在整个粉丝文化中会陷入一种无形的压力，不是顺从的压力，而是感觉自己无能的压力。这种无力感融合现实生活的无助之后，变成一种比群体压力更为强大的参与动力，促使更多的粉丝，以自己最大的物力、财力去参与对于粉丝的物质消费中，以证明自己对自我和社会的"有力"。

---

[1] ［德］克里斯多夫·库里库克：《微粒社会》，黄昆、夏柯译，北京：中信前沿出版社2018年版，第208-213页。

因此，我们需要的"饭圈"文化应该是基于情感的精神交往关系。这种关系体现在粉丝与明星之间，应该是能够丰富彼此的情感体验。粉丝从明星的作品中感受人世间不同类型的情感，从而丰富自己的情感阅历，丰富自己对于他人、自我以及人与人之间关系的理解。精神交往关系也体现在粉丝与粉丝之间。粉丝之间应该通过共同的偶像建立共同的群体身份感、共在感和陪伴感。粉丝和明星以及粉丝和粉丝之间都可以通过交往关系，消解不良情感，疏导郁结情感，消化过剩情感，回归最纯粹的喜欢和爱，让个人和社会也将回归"饭圈"文化本应带来的幸福生活。

四、结语

有关青年亚文化功能的研究发现，亚文化具有的补偿功能，即在学校里不能取得良好成绩的青少年，为了要开发出自尊的另类来源而进入亚文化群体。此外，研究也指出，在"潜在的颠覆之外"，蕴含在青年文化中的潜在价值（寻求冒险和追求刺激等）可用来巩固，而不是破坏日常生产的精神。[1] 佛系、丧文化、内卷等名词的流行，映射了社会人身上存在的种种压力。现代性在鼓舞个人从传统中解放出来的同时，却并没有给予他的个性和自我意识以更多的支持，相反使他成为真正无依无靠的精神的漂泊者、孤独者。渴望得到超越的支持，得到根本性的肯定，是现代个人深层的欲望。这种欲望的不能满足是产生青春明星迷信的基本动机。[2] 对于部分青年而言，身边缺少被自己认可的偶像，进入"饭圈"就是为了逃离"父辈文化"所指认的模范、标杆（如"别人家的孩子"）。也可能因为身边没有"刺激"，部分人的生活是"二点"一线或者"三点"一线。甚至是自己的关爱没有指向，生活压力和"信息茧房"一定程度上带来的个人疏离，情感无处安放。

"饭圈"文化中的行动和劳动所达成的，是对于这种现实的抵抗和对冲。明星作为偶像补偿，其光鲜的生活、恰当的社交让人们带来移情的"刺激"感。粉丝间通过相同的认知和互动形成集体共在感去对抗现实的疏离。正因为如此，整顿不是

---

① [美]迪克赫伯迪格：《亚文化：风格的意义》，陆道夫、胡疆锋译，北京：北京大学出版社2009年版，第97-98页。
② 王一川：《大众文化导论》，北京：高等教育出版社2004年版，第213页。

禁止"饭圈"文化的存在，而是引导"补偿"和"巩固"走向正确的方向。从这种意义上看，当前的治理只是"饭圈"文化纠正的第一步。

（赵高辉　杨柳，东华大学）